Emmerich Kirschner
Vom Traum zum Ziel

Herstellung: Books on Demand GmbH

ISBN 3-8311-0348-8

Vom Traum zum Ziel

Dieses Buch widme ich allen Menschen, welche sich die Aufgabe gestellt haben, die **wahre Person** in sich selbst zu entdecken, sowie die brachliegenden Fähigkeiten und Talente neu zu entdecken, um ein erfülltes und glückliches Leben zu leben.

3. Auflage
© Juni 2001, Emmerich Kirschner, Jerzens
Umschlaggestaltung: Die Druckerei, Imst.
Titel Fotos: Gritsch Günter

Inhaltsverzeichnis

1. Vorwort

Was bringt mir dieses Buch?

Es gab eine Zeit in meinem Leben, da dachte ich noch, alles sei eine große Qual. Manche Dinge passieren einfach, ob ich es will oder nicht. Es gibt Menschen, die ständig **Glück** haben und denen vieles gelingt. Sie haben immer Geld, glückliche Freundschaften, ein tolles Elternhaus, usw., kurzum, sie haben das, was sie sich wünschen.

Doch irgendwie schien das alles auf mich nicht zuzutreffen. Im Elternhaus gab es viele **Herausforderungen zu lösen**. Das belastete mich zu dieser Zeit sehr. Glück, ...? Was ist das überhaupt? Wahre Freundschaften hatte ich zu dieser Zeit sehr wenig, da ich mich immer und überall in den Mittelpunkt stellen musste. Ich hatte keine Ziele. Warum auch? Es kommt ja doch alles immer so wie es für einen bestimmt ist. Selbst die **Drei - Tagesgrippe** überraschte mich immer dann, wenn ich wieder einmal zu wenig entspannt war.

Eines Tages jedoch, spürte ich **in mir** so ein **komisches Gefühl.** Ich wusste nicht was das ist. Es war einfach da. Ein Werbebrief kam ins Haus. **»Power Day«**? Da soll man lernen wie man das Leben selbst bestimmt. Da soll man lernen wie man so viel Geld verdient, wie man sich vorstellen kann. Die zwei Hauptantriebspunkte eines jeden Menschen kennen zu lernen. Und das ganze für nur 99 DM. Irgendwie hatte ich dabei ein komisches Gefühl. Soll ich buchen? Oder ist das irgendein Scharlatan? Was ist, wenn dieser Trainer mit Ellenbogentaktik die Menschen nur ausnimmt. Oder vielleicht steckt sogar eine Sekte dahinter?

Doch irgend etwas **in mir** sagte Ja! Investiere diese 99 DM. Da ist was dran. Es tut dir gut.

Im März 1999 war es dann soweit. Ich fuhr nach Oberösterreich, an den St. Wolfgang See. Das Hotelzimmer neben dem Veranstaltungsgebäude konnte ich mir damals noch nicht leisten, deshalb wohnte ich noch ca. 8 Kilometer weiter in einer Pension, wo ich mich am Abend über eine laute Blasmusikkapelle ärgerte und am Morgen über das Frühstück, da ich kein Obst und auch keinen Orangensaft bekam. (Im Kapitel Ernährung gehe ich darauf genauer ein).

Nun gut. Um 08:30 Uhr bin ich in der Tagungshalle in welcher das Seminar stattfinden sollte und wartete im Foyer schon ganz gespannt, dass endlich die Türen geöffnet werden. Es waren bereits über hundert Menschen anwesend. Ich fragte mich: Was wollen bloß all diese Menschen? Sind sie in einer ähnlichen Situation wie ich?

Um 10:00 Uhr war es dann schließlich soweit. Die Türen wurden geöffnet. Menschenmassen strömten in den Saal um den besten Platz zu bekommen. Es waren so ca. 500 Personen. Laute Musik, viel Action, es war mir irgendwie **unheimlich** und **angsteinflößend**. Damals wusste ich noch nicht, dass das **völlig normal ist**. Diese tiefe **innere Stimme** jedoch, sagte mir, dass ich hier etwas sehr wertvolles Erfahren würde. Wertvoller als der schönste Diamant. Ich würde hier ein **Geheimnis** erfahren.

Schließlich habe ich dieses Geheimnis entdeckt. Ich lebe jetzt viel entspannter und erfüllter. Meine berufliche Situation hat sich schlagartig verändert. Meine partnerschaftliche Situation ist seitdem viel gefestigter und wir haben zusammen viel mehr Spaß. Die Beziehung zu unseren zwei wunderbaren Kindern ist harmonisch und aufregend wie nie zuvor.

Kurzum, ich habe den **Schlüssel** entdeckt, den man benötigt, um in den Fluß des Lebens zu kommen. Diesen Schlüssel, dieses Geheimnis, oder diesen wertvollen Diamant, den kann ich nicht an sie weitergeben. Sie müssen ihn **selbst entdecken**. In diesem Buch helfe ich ihnen dabei. Vielleicht entdecken sie das Geheimnis bereits auf den ersten Seiten. Vielleicht erst in der Mitte oder am Schluss.

Wenn sie das **Geheimnis** entdeckt haben, so halten sie bitte einen Moment inne, genießen die Stille und seien sie vor allem dankbar, dass sie nun diese tiefe Erkenntnis erfahren durften.

Ich wünsche ihnen von ganzem Herzen, dass sie den **Mut** und auch die **Kraft** haben, sich auf die Schatzsuche zu begeben.

Auf die Schatzsuche, nach dem wertvollsten Geheimnis das in **jedem Menschen versteckt liegt**. Dieses Geheimnis wartet nur darauf entdeckt zu werden.

Viel Erfolg und vor allen Dingen viel Spaß!

> **Sag nie, dass du etwas nicht kannst, bevor du es nicht mindestens fünf mal versucht hast.**
>
> Emmerich Kirschner

Wie erreiche ich den größten Nutzen?

Da ich davon ausgehe, dass sie aus diesem Buch den größt möglichen Nutzen ziehen möchten, folgt hier eine kleine »Betriebsanleitung«.

Vielen von uns wurde als Kinder beigebracht wie wir ein Buch behandeln sollen. Aufpassen auf Eselsohren, nichts in das Buch hineinschreiben. Die Seiten nicht zu stark umblättern, damit der Buchrücken nicht beschädigt wird. Ich glaube, solche oder ähnliche gutgemeinten Ratschläge haben wir alle bekommen.

Ich empfehle ihnen von all dem das Gegenteil! Ja, sie haben richtig gelesen. Machen sie sich **Notizen** im Buch, streichen sie wichtige Textteile **farbig** an, und vor allem, sehen sie das Buch nicht als Regalfüller, sondern als ihr **persönliches Arbeitsbuch**. Dieses Buch kann ihnen zu einem ganz neuen Leben verhelfen. Also benutzen sie es dementsprechend.

Wenn wir wichtige Stellen im Buch farblich markieren, fällt es uns leichter, den Inhalt besser aufzunehmen. Wenn wir bei wichtigen Seiten Eselsohren machen und diese sogar beschriften, fällt es uns sehr leicht diese Seiten schnell wieder zu finden.

Meine Bücher schauen aus wie die Sau! Doch das ist mir egal. Ich will mit einem Buch arbeiten können und vor allen Dingen, das erworbene Wissen in die Praxis umsetzen, damit es zur **Erfahrung** wird. Nur dann haben wir wirklich etwas erreicht.

Immer wieder finden sie im Buch Übungen. Sie haben grundsätzlich zwei Möglichkeiten:

1. Das Buch nur mal so zu lesen und die Übungen einfach überblättern. In diesem Fall spenden sie das Geld für das Buch lieber für einen sozialen Zweck. Dann haben sie wenigsten etwas gutes getan.

2. Oder, sie gehören zu denjenigen fünf bis zehn Prozent der Menschen, die alle Übungen durchführen, anschließend möglichst viel davon in den Alltag integrieren, damit das Wissen zur Erfahrung wird.

> **Wissen alleine ist wenig!**
> **Umgesetztes Wissen dagegen bringt uns weiter.**
>
> Emmerich Kirschner

Immer wieder findet man Bücher in denen der Autor versucht, Frauen und Männer gleichermaßen anzusprechen. Das liest sich dann so: »Was würde er/sie dazu wohl sagen«? Oder »Sie/Er, geht damit folgendermaßen um«.

Ich glaube sie sind mit mir einer Meinung, dass diese Sprache sehr schwer zu lesen ist. Ich verwende aus diesem Grund das persönliche »**Du**«! Neueste Forschungen haben gezeigt, dass die direkte Sprache uns mehr anspricht. Auf diese Weise fällt es uns leichter das Wissen aufzunehmen. Sollten sie mit dieser Art unseres Dialoges nicht einverstanden sein, so denken sie sich bitte vor jedes »Du« ein unpersönliches »Sie«!

Wenn ich meine Erfahrungen mit anderen Menschen teile, so erlebe ich meistens zwei unterschiedliche Menschentypen: Da gibt es zum einen die **»Bewerter«**. Sie kritisieren immer alles ohne es vorher zu prüfen. Sie wissen immer alles besser ohne es vorher probiert zu haben. Von ihnen kennen wir meistens folgende Aussagen:

-   Das funktioniert bei uns nicht.
-   Bei uns ist alles ganz anders.
-   Mein Partner macht da nicht mit.
-   Wenn ich soviel Geld hätte, dann .....
-   _______________________________
-   _______________________________

Mit solchen Menschen bin ich nicht mehr gern zusammen. Sie sind sehr anstrengend.

Die andere Seite, also ein **Verwerter**, ist durchaus kein Mensch, der allem blind vertraut. Nein, auch der Verwerter ist sehr kritisch, jedoch mit einem kleinen Unterschied. Der Verwerter ist neuem gegenüber erst einmal offen und neutral. Er bewertet es nicht gleich als nicht durchführbar, sondern überlegt sich, was er daraus für den Alltag **Ver - werten** kann!

*   **Was** kann ich davon umsetzen?
*   **Wie** kann ich das erreichen?
*   **Welche Möglichkeiten** habe ich, es umzusetzen?

Sogenannte **W- Fragen**, (Wer, Was, usw.) regen einen bestimmten Bereich in unserem Gehirn an, der dafür sorgt, dass wir kreativere Lösungen finden.

Es gibt Menschen, die Lesen ein Buch bis zur Hälfte, legen es dann auf die Seite und schauen es nie wieder an. Das ist genau so, wie wenn wir zehn Fahrstunden besuchen, jedoch dann nicht zur Prüfung antreten und somit auf den Führerschein verzichten.

Dieses Buch ist auch keineswegs als »Gute Nachtgeschichte« gedacht. Ich möchte dich mit diesem Buch einmal so richtig **wachrütteln**, dass du beginnst über dein Leben nachzudenken und es so zu gestalten wie du es dir in deinen kühnsten **Träumen** immer **vorstellst!**

Ich wünsche dir mit diesem Buch viel Freude beim Durcharbeiten und umsetzen der folgenden Kapitel.

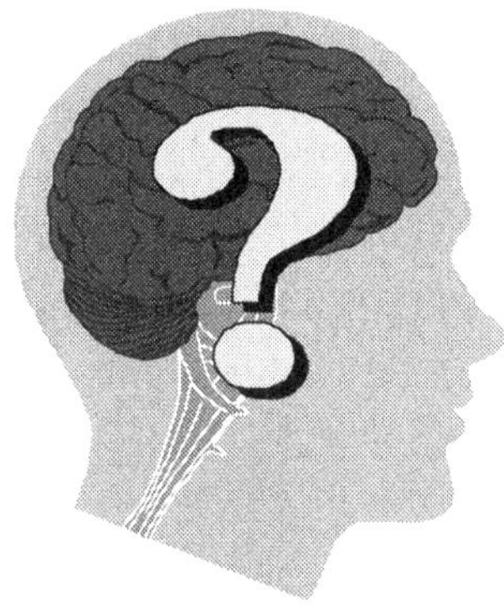

Wie du das gelesene besser behalten kannst.

Es wurde festgestellt, dass sich Menschen folgendes merken können:

- ca. 20 % von dem was du liest. (deshalb bleibt von einem Buch, welches du nur einmal liest, nicht so viel hängen.)
- ca. 30 % von dem was du hörst. (Audiokassetten sind ein hervorragendes Instrument, um Wissen dauerhaft durch regelmäßiges anhören, im Unterbewusstsein zu verankern.
- ca. 50 % von dem, was du liest und hörst.
- ca. 70 % von dem, was du sagst. (Die eigene Stimme dringt tief in das eigene Unterbewusstsein ein.)
- **90 %** von dem, was du **selbst tut!**

Deshalb empfehle ich dir: Arbeite dieses Buch aktiv durch, mache dir Notizen und überlege dir immer wieder, was du davon in deinem Leben umsetzen kannst und vor allem: **Beginne zu Handeln!**

Es ist besser 10 Schritte schnell umzusetzen, obwohl dadurch einige Fehler passieren werden, als immer mit einer Aufgabe so lange zu warten, bis sie perfekt ist. Damit warten wir nämlich meist sehr lange. Du hast sicher folgende Situation schon einmal erlebt:

In einem Restaurant bringt der Kellner die Speisekarte. Ein Gast lässt seinen Blick durch die gesamte Speisekarte auf und abschweifen und kann sich nicht entscheiden. Während die anderen bereits alle bestellt haben, und der Kellner bereits etwas ungeduldig wird, bestellt er nun aus dem Druck heraus das **Altbekannte:** (Wiener Schnitzel mit Pommes). Kommt dir diese Situation bekannt vor? Versuche einmal, einfach innerhalb weniger Sekunden aus der Speisekarte etwas auszuwählen. Wir bekommen durch dieses schnelle Handeln automatisch andere Gelegenheiten, wenn wir das auf unser gesamtes Leben anwenden.

> **Eine schnelle Entscheidung die falsch ist, ist immer noch besser als überhaupt keine Entscheidung, denn nur daraus können wir lernen und wachsen!**
>
> Emmerich Kirschner

2. Danke

Bei diesem Buch möchte ich mich bei folgenden Personen bedanken, die mich beim Schreiben dieses Buches unterstützt haben:
Zuerst einmal ein Riesengroßes Dankeschön an meine Eltern, sie haben es mir ermöglicht dass ich heute dieses wunderbare Leben überhaupt erst genießen darf

Ein ganz großer Dank gebührt Jürgen Höller, welcher in mir das Feuer entfacht hat. Meiner Partnerin Guggi, welche immer an mich glaubt, auch dann, wenn meine Batterie einmal leer ist. Meine zwei wunderbaren Kinder, sie zeigen mir jeden Tag wie man durch Gelassenheit und Freude jeden Tag zu einen Glückstag machen kann.
Meiner Schwester Katrin, sie unterstützt mich immer tatkräftig mit dem zu »Papierbringen«, da sie ausgezeichnet mit der Schreibmaschine umzugehen vermag.
Nicht zu vergessen Luigi, welcher mich in Computerangelegenheiten bei diesem Buch unterstützt hat.
Kurzum allen Menschen denen ich irgendwann einmal begegnet bin. Denn durch jeden Kontakt mit einem Menschen bin ich einen Schritt weitergekommen.

3. Wie definiere ich Erfolg?

Was heißt für mich Erfolg?

Was heißt Erfolg? Ab wann bin ich Erfolgreich? Kann ich Erfolg überhaupt messen?

Viele Fragen zum Thema Erfolg. Dazu gibt es ebenso viele Antworten. Was Erfolg für dich bedeutet, das kannst du auch nur **selbst** entscheiden.

Wenn manche Menschen das Wort »**Erfolg**« hören, so werden sie ablehnend, da sie meinen, Erfolg wäre etwas schlechtes. So war es auch bei mir. Ich dachte, dass Menschen welche Erfolg im Leben haben, entweder andere Menschen über den Tisch ziehen, oder dass sie keine Zeit mehr für ihre Kinder haben. Da mir ein intaktes Familienleben wichtig war und immer noch ist, blockierte ich mich damit selbst.

Es gibt viele Menschen die im Beruf jahrelang glücklich sind und dabei Erfüllung finden. Ab dem Tag, an dem sie pensioniert sind, kannst du beobachten wie diese Menschen sehr rasch Lebensfreude verlieren und nicht mehr wissen, was sie den ganzen Tag über machen sollen.

Hier nun meine Definition von **Erfolg**:

Richtig Erfolgreich kann ich nur sein, wenn ich es schaffe in mehreren Bereichen meines Lebens eine **ausgewogene Balance** zu haben. Stell dir einen Tisch vor, mit nur einem Fuß (z.B. nur beruflicher Erfolg)!

Tischplatte des Lebens **Erfolg**

Beruflicher Erfolg

Dieser berufliche Erfolg ist in Ordnung, wenn er sich jedoch **nur** auf den Beruf bezieht, wird dieser Mensch Schwierigkeiten bekommen, sobald es im Berufsleben nicht mehr stimmt. Deshalb ist es wichtig, die Tischplatte des Erfolges auf **mehrere Säulen** aufzubauen, denn wenn dann eine Säule für eine bestimmte Zeit zusammenbricht, (Kündigung, Krankheit,...) haben wir ja noch andere Säulen (viel Geld, eine glückliche Beziehung,...) und somit bleibt der Tisch unseres Lebens trotzdem stabil.

Tischplatte des Lebens **Erfolg**

Beruflicher Erfolg

Hobby

Familie

Finanzieller Erfolg

Ich definiere meine Säulen folgendermaßen:

- Gesundheit
- Traumberuf
- Finanzen
- Familie
- Hobby / Abenteuer
- Soziales Engagement

Mögliche Lebenssäulen

Gesundheit:

Wenn wir gesund und vital sind, können wir anderen Menschen Kraft und Unterstützung bieten. Wir können andere Menschen motivieren und aufbauen. Sind wir jedoch krank, dann brauchen wir die Unterstützung von anderen Menschen. Unsere »Batterie« ist leer. Diese Batterie wieder aufzuladen kostet den anderen Menschen enorm viel Kraft. Deshalb sollte es unser oberstes Gebot sein, ein ausgewogenes und gesundes Leben zu führen.

Beruf:

Wenn wir Erfolgreiche Menschen beobachten, können wir feststellen, das diese Leute ihre Arbeit über alles lieben. Sie haben dabei eine Riesen Portion Spaß. Ich werde weiter hinten im Buch näher auf dieses Thema eingehen, da es für unser Wohlbefinden eine entscheidende Rolle spielt.

Finanzen:

Wenn wir die Liste mit den Ehestreits genauer untersuchen, stellen wir fest, dass es dabei immer wieder um das Thema »Geld« geht. Und meistens geht es dabei um zuwenig Geld. Deshalb finde ich es wichtig, sich auch mit diesem Thema sehr intensiv auseinander zusetzen, da geordnete Finanzen viel für unser Wohlbefinden beitragen. Auch darüber weiter hinten mehr.

Beziehungen:

Das ganze Leben besteht aus dem Miteinander mir unseren Mitmenschen. Je harmonischer die Beziehung zu uns selbst und zu anderen Menschen ist, umso mehr Friede und Erfüllung bekommen wir zurück.
Für die einen ist es die Familie (Freundschaft), um wieder Energie zu tanken, für manch anderen ist es eine Partnerschaft. Wichtig ist es einfach zu erkennen, je mehr wir aus freiem Willen geben, umso mehr bekommen wir zurück.

Hobby / Abenteuer

Wenn wir gesund sind, gute Beziehungen pflegen und auch genügend Geld haben, können wir uns dem wunderbaren Thema »Hobbys und Abenteuer« zuwenden.

Wenn wir die Lust verspüren, einmal mit einem Kamel durch die Wüste zu reiten, oder 4 Wochen lang im indischen Ozean (Malediven) das einfache Leben zu genießen, dann sollten wir diese Träume verwirklichen.

Wenn wir diese Träume verleugnen und verdrängen, da wir nämlich keine Möglichkeiten sehen, diese jemals zu erreichen, schaden wir uns selber da wir einen Teil von uns somit nicht akzeptieren.

Soziales Engagement

Zu guter Letzt sollten wir uns einem sehr wesentlichen Thema zuwenden. **Danke zu sagen !**
Es gibt immer Menschen auf der Erde, denen es, aus welchen Gründen auch immer, nicht so gut geht wie uns. Deshalb sehe ich es als eine Verantwortung unserem Schöpfer gegenüber, für unseren Erfolg dankbar zu sein und andere Menschen auf irgendeine Art und Weise zu unterstützen.
Die Art und Weise, wie wir uns Erkenntlich zeigen können, sollten wir für uns selbst entscheiden. Wichtig ist nur, dass wir freiwillig und ohne irgendeine Erwartung anderen Menschen weiterhelfen.

4. Wozu leben wir?

Adler oder Huhn?

Vor einiger Zeit fiel ein Adler Ei aus dem Adlernest.
Es landete jedoch auf einem weichen Boden. Der Bauer
entdeckte dieses Ei und nahm es mit nach Hause, da das
Küken sonst sterben müsste. Zu Hause angelangt, ver-
steckte er das Ei bei den anderen Hühnern und hoffte, sie
würden es nicht bemerken.

Das Adlerküken lernte in der Umgebung der Hühner
nach Würmern zu scharren. Ab und zu flog es mit den
anderen Hühnern wenige Meter, allerdings nicht sehr
hoch. Als der junge Adler schon etwas größer war, wun-
derte er sich dass er trotz intensiven Bemühens kein Ei
legen konnte. Auch sein Aussehen unterschied ihn immer mehr von den anderen Hühnern. Er machte sich
allerdings nicht sonderlich viel daraus.

Eines Tages jedoch erblickte er am Himmel ein großes
majestätisches Tier, welches ruhig und gelassen große
Kreise am Himmel zieht. Er fragte die anderen Hühner
was das für ein Tier sei. Ein **Adler**, antworteten sie ihm.
Er schaute dem Adler eine Weile ganz fasziniert zu,
während er in seinem innersten eine starke Sehnsucht
verspürte, ebenfalls da oben zu fliegen. Da gäbe es **keine
Grenzen** mehr und er könnte die Landschaft hinter den
Bergen genießen. Er fragte wiederum die Hühner: Warum fliegen wir nicht so hoch wie der Adler? Sie Antworteten ihm:

**Der Adler wurde zum Fliegen geboren. Er ist dazu
bestimmt, als König der Lüfte die Welt zu erkunden.**

Wir dagegen sind nur als Hühner geboren.

Viele von uns wurden als Adler geboren und führen im Alltag ein Leben als Huhn. Hart arbeiten und nach kleinen Belohnungen Ausschau zu halten, als ein Leben so leicht und frei wie ein Adler zu genießen.
Einige davon bleiben ein Leben lang in dem Glauben nur ein Huhn zu sein. Sie können nicht mehr daran glauben, dass das Leben für **jeden Menschen** eine Riesengroße Überraschung bereithält.

Ich möchte dich hiermit wachrütteln und dich auf den **Adler** in dir Aufmerksam machen.

Lerne wieder wie ein Adler zu fliegen, um diese wunderbare Welt mit allen Sinnen in Ihrer ganzen Pracht zu erkunden!

Gibt es den Traumberuf?

Stell dir vor, du hättest so viel Geld, wie du möchtest. Du kannst von deinem Konto abheben soviel du willst. Das Geld vermehrt sich ständig.

Du machst zwei Monate Urlaub, um dich richtig zu entspannen. Du spürst die Grenze, wo du nicht mehr weißt, was du machen kannst.

Was würdest du tun, ohne dass man dich dafür bezahlt? Du kannst Geld abheben soviel du willst, du bekommst jedoch kein Gehalt für die geleistete Arbeit.

Was würdest du jetzt am liebsten tun?

Schreibe jetzt alles nieder, was dir in den Sinn kommt! Was würdest du jetzt mit deinem Leben anfangen? Beginne wieder zu träumen! Du bist frei von allen Beschränkungen welche man dir in der Vergangenheit gesetzt hat! Je mehr du dich bei dieser Übung entspannst und deiner Phantasie freien Lauf läst, umso mehr kannst du nachher davon profitieren!

Lese erst weiter, nachdem du diese Übung gemacht hast! Es ist ganz in deinem Interesse.

Das, was du bei dieser Übung herausfindest, wenn du die Übung genau und ehrlich durchführst, ist **Deine eigene Lebensaufgabe!** Es ist die Aufgabe, die du bei deiner Geburt mit auf den Weg bekommen hast.

Hast du diese Aufgabe schon in deinen Alltag integriert und bist durch und durch erfüllt? Oder bist du von dieser Aufgabe noch weit entfernt? Es kann sein, dass du diese Aufgabe zum jetzigen Punkt in deinem Leben noch gar nicht erkennen kannst, da deine Persönlichkeit den notwendigen Reifegrad noch nicht erreicht hat.

Wie dem auch sei. Entwickle diese Tätigkeiten die du hier gefunden hast, jeden Tag konsequent Schritt für Schritt weiter und mache viele Dinge, welche dir Spaß und Freude bereiten und du bist auf dem besten Weg zu deinem Traumleben.

Stell dir folgende Situation vor:

Du weist, du hast nur noch ein Jahr zu leben.
Jetzt kommt deine private Glücksfee und sagt:

Du hast noch 3 Wünsche frei, bevor du diese Welt verlassen musst!

Was würdest du jetzt tun?

Bitte führe auch diese Aufgabe schriftlich durch!

Auf welche 3 Aufgaben hast du dich jetzt konzentriert? Was ist das allerwichtigste, das du unbedingt noch erledigen willst, damit du einmal sagen kannst: Ich habe das verwirklicht, das mir am meisten Spaß bereitet hat.

Packs einfach an. Oder, wie viele Jahre willst du noch verschenken ohne richtig gelebt zu haben? Ja, es stimmt. Die Verwirklichung unserer Träume ist oft mal nicht einfach. Aber es macht sich bezahlt.

Je mehr Tätigkeiten du ausübst, welche dir Spaß und Freude bereiten, umso glücklicher und zufriedener kannst du dein Leben gestalten. Du bist im »Einklang« mit deinem Schöpfer (Gott, Universum, Unterbewusstsein, oder wie immer du diese Kraft nennen willst).

Alle Erfolgreichen Menschen dieser Erde haben eines gemeinsam:

Sie machen nur mehr das, was ihnen am meisten Freude bereitet.

Das Feuer der Leidenschaft

Hast du dich auch schon des öfteren gefragt, warum mansche Menschen so schwerfällig und gelangweilt den Tag verbringen?
Fragst du diese Menschen nach schönen Erlebnissen, diversen Freizeitaktivitäten oder einfach nur nach ihrem Wohlbefinden, so bekommst du meisten nur ein mürrisches **»geht schon«** zu hören.

Oder aber die andere Seite: Du begegnest Menschen, welche durch und durch Begeistert sind, immer ein strahlend herzliches Lächeln parat haben, und jede Situation im Leben mit Freude meistern, als ob es die einfachste Sache der Welt sei.

Mittlerweilen kenne ich beide Seiten. Bis vor wenigen Jahren gehörte auch ich zu dieser mürrischen Sorte. Das alltägliche **»Guten Morgen«** brachte ich kaum über die Lippen. Aufstehen war schon deshalb das schlimmste, da ich keine Freude an der Arbeit verspürte und auch nicht so richtig wusste, was ich eigentlich für eine Aufgabe im Leben zu lösen habe.

Bitte verstehe mich jetzt nicht falsch. Ich möchte nicht alle Menschen dazu ermuntern, Morgens voller Freude aus dem Bett zu springen, eine kalte Dusche zu nehmen und jeden Menschen freundlich anzugrinsen. Denn, jeder Mensch hat seinen eigenen individuellen Tagesrhythmus. Es gibt Menschen, welche am Morgen die meiste Energie haben, andere wiederum haben ihre Leistungsreserven von Mittag bis spät in die Nacht.

Wie ist eigentlich dein ganz persönlicher Rhythmus?

Fühlst du dich Morgens am wohlsten, oder eher Mittags, oder kommst du erst am Abend so richtig in Fahrt?

Warum ist das so wichtig? Wenn ich zwischen Mittags und Abends meine beste Tageszeit habe, jedoch um 05:00 Uhr bereits aus dem Bett kriechen muss, da ich sonst nicht rechtzeitig zur Arbeit komme, dann werde ich vermutlich nie richtig Freude an meiner Arbeit verspüren.

Wenn du das Ziel in deinem Leben erkannt hast und jeden Tag daran arbeitest, so spürst du eine enorme Kraft und Energie in dir. Und auf einmal merkst du, das die Menschen in deiner Umgebung freundlicher reagieren, da du dich nach außen verändert hast. Wenn wir uns Tag für Tag auf das Konzentrieren, was wir gerne machen, werden wir von Tag zu Tag mehr Lebensfreude erfahren.

Weiterbildung

Warum ist Weiterbildung so wichtig?

Noch vor wenigen Jahrzehnten hätte man Dich eingesperrt, wenn Du gesagt hättest: Jeder 2. Österreicher besitzt in einigen Jahren ein tragbares Gerät, mit welchem er sich mit Menschen auf der ganzen Welt unterhalten kann, dieses Gerät nennen wir dann »**Handy**« und es kostet nur mehr wenige Schilling, (oder Euro).
Vor einigen Jahren wurde die Aussage getätigt: Die Welt benötigt weltweit nur 5 Computer. Im Vergangenen Jahrhundert wurden weit mehr Erfindungen getätigt, als im vorangegangenen Jahrtausend. Diese Entwicklung wird sich in den nächsten Jahren mit zunehmender Geschwindigkeit fortsetzen. Ein Grund dafür ist das Internet. Seit kurzem ist es möglich mit Menschen auf der ganzen Welt in Verbindung zu treten, Waren auszutauschen, oder einfach nur sich mit ihnen zu unterhalten.

Unsere gesamte **Wirtschaft** befindet sich in einem **Umbruch**. Es kristallisieren sich immer mehr Spezialanbieter, die sich nur auf einen Bereich spezialisiert haben und darin die Experten sind. Heute gibt es eigene Geschäfte, welche sich nur auf Krawatten, oder nur auf Obst, usw. konzentrieren. Ich finde es deshalb naiv einfach zu glauben: Wenn wir **einmal** einen Kurs besucht haben, bzw. wir **einmal** ein Geschäft aufgebaut haben, es würde immer so weitergehen.
Ich denke, in Zukunft wird nur derjenige an die Spitze kommen, welcher sich mit seinem Geschäft auf einen ganz bestimmten Bereich **konzentriert**, und in diesem Bereich zum **Experten** wird. Wie wird man jedoch Experte? Schauen wir uns doch gemeinsam folgende Zeichnung an.

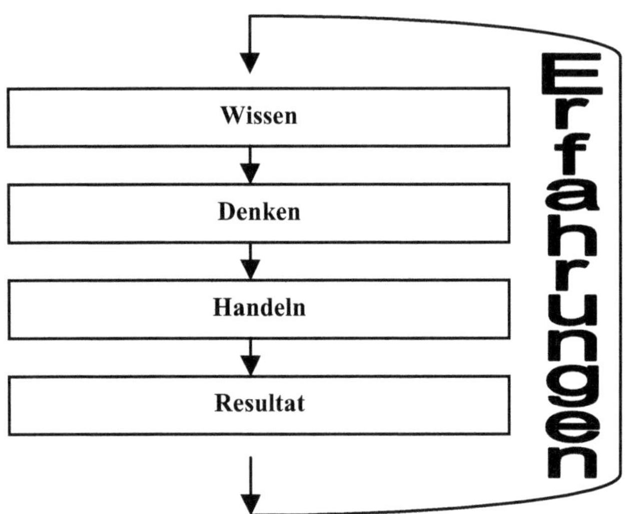

Unser Wissen entscheidet über unser Denken, welches wiederum ausschlaggebend ist für unsere Handlungen, die schließlich zu Resultaten führen. Durch diese Resultate entstehen unsere Erfahrungen, welche wiederum unser Wissen bekräftigen und somit einen Kreislauf in Gang setzen.

Die Entscheidende Frage ist nun;
Wie können wir Wissen aufnehmen?
z.B. Durch **Bücher.**

Wie viele Fachbücher liest Du im Durchschnitt pro Monat?

_______ mehr als 3 Bücher?

_______ mehr als 1 Buch?

_______ weniger?

Mein Tipp: **Lese täglich 1 Stunde!**

Wenn Du täglich 1 Stunde in einem Fachbuch liest, kommst Du im Monat auf ca. 30 Stunden und im Jahr auf ca. 360 Stunden. In dieser Zeit liest Du je nach Lesegeschwindigkeit ca. 50 – 60 Bücher.

Wenn Du nun am Wochenende und im Urlaub auch noch ein wenig liest, kommst du locker auf ca. 400 Stunden pro Jahr. 400 Stunden die du für dein persönliches Wachstum verwenden kannst. Für die Richtung in die du dich entwickeln willst.

Eine Studie hat ergeben, dass der Berufstätige Deutsche Bundesbürger pro Jahr im Durchschnitt weniger als 2 Fachbücher liest, welche ihn Beruflich weiterbringen würden. Ich glaube nicht, dass das bei uns in Österreich viel anders ausfallen würde.

Wenn Du 50 – 60 Bücher pro Jahr liest, so macht das in 7 Jahren 350 – 420 Bücher. Während dieser Zeit liest der Durchschnittsbürger gerade mal 14 Bücher.

Nun eine Frage an Dich: Glaubst Du nicht auch, dass Dir **dieses Wissen einen Riesen Vorsprung** in der Entwicklung gegenüber anderen Menschen bringen wird?

Sollte es Dir zuerst schwergefallen 1 Stunde am Tag zu lesen, so teile deine Lesezeit einfach in kleine Etappen. Stehe Morgens eine viertel Stunde früher auf wie gewohnt, denn das tut nicht sonderlich weh. Investiere diese Zeit in das Lesen Deines Buches.

Verkürze die Mittagspause und lies eine weitere Viertel-
stunde. Wenn Du nun am Abend nach Hause kommst, so
lies nochmals eine halbe Stunde in Deinem Buch. Diese
Investierte Zeit wirst Du mit Zins und Zinseszins zu-
rückbekommen.

5. Unser Gehirn

Das Unterbewusstsein

Ich weiß nicht was das ist? Ich kann es nicht sehen, nicht beschreiben, nicht hören,... und doch, ich habe so ein eigenartiges **»Gefühl im Bauch«**, dass ich die richtige Entscheidung getroffen habe. Ich kann es wissenschaftlich nicht erklären. Und doch bin ich innerlich hundertprozentig davon überzeugt.

Vielleicht hast du dich in diesen Zeilen wiedergefunden. Wir alle haben solche Szenen schon selbst erlebt. Doch was steckt dahinter?

Wenn wir uns mit einem Eisberg vergleichen, so können wir folgendes erkennen:

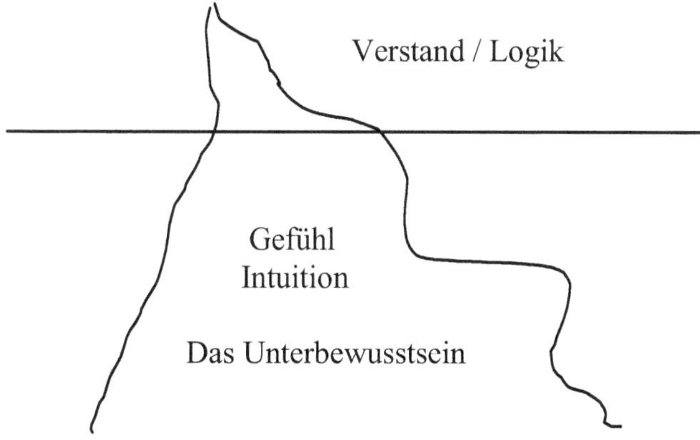

Einige Menschen glauben nur Dinge, die bereits wissenschaftlich exakt messbar sind. Sie wissen oft nicht, dass sie damit mind. 90% Chancen verschenken. Noch vor 200 Jahren war es wissenschaftlich noch nicht möglich Radiowellen zu messen. Oder Gehirnströme festzustellen.

Solltest du noch immer am Unterbewusstsein zweifeln, was glaubst du, wer hat heute Nacht deinen Atem gesteuert, oder das Schlagen deines Herzen kontrolliert, während du ja **bewusst** geschlafen hast? Richtig, dein **Unterbewusstsein arbeitet Tag und Nacht**. Dieses Unterbewusstsein ist vergleichbar mit einem großen Büro. In diesem Büro befinden sich viele Schränke voll mit Ordnern.

Stell dir jetzt bitte einen Strand vor mit Palmen, weißer Sand, ein türkisblaues Meer und einen Liegestuhl mit einem kühlen Getränk. Oder stell dir einfach deinen letzen Urlaub vor. Siehst du die Bilder? Vermutlich kannst du dich sehr gut daran erinnern.

In diesem Fall betritt eine Sekretärin (Dein **Verstand**), das Büro (Dein **Unterbewusstsein**), geht zum Schrank mit der Aufschrift »**Urlaub**«, zieht einen Ordner heraus mit der Aufschrift **»Schöne Urlaubserinnerungen«**, und kommt mit dieser Information wieder zurück.

Aufgrund dieser Funktion können wir etwas, das wir einmal gelernt haben, immer wieder aktivieren.

Wer als Kind Schilaufen gelernt hat, und anschließend eine große Pause gemacht hat, der kann es mühelos wieder aktivieren.

Was passiert jedoch, wenn wir mit einer neuen Information konfrontiert werden. Beispiele kennen wir alle:

- Herr Maier, das haben wir noch nie so gemacht.
- Das kann doch überhaupt nicht funktionieren.
- Warum sollte ausgerechnet ich das machen?
- ____
- ____

Stell dir jetzt bitte eine »**Cherimoya**« vor! Was passiert jetzt? Die Sekretärin läuft wieder in das Büro, sucht einen Schrank mit der Aufschrift »**Cherimoya**«, findet ihn nicht, **irrt verzweifelt umher**, bis sie schließlich wieder zurück kommt und sagt: Diese **Cherimoya gibt es vermutlich nicht**. Oder etwas das wir alle kennen (Das kann nicht sein. Das gibt es nicht. Das funktioniert nicht).

Kann es sein, dass wir neuem gegenüber aus diesem Grund vielleicht eher skeptisch und ablehnend begegnen?

Kann es sein, dass wir neues erst einmal kritisieren, bevor wir damit einverstanden sind?

Positives Handeln

Vielleicht bist du etwas verwundert über diese Überschrift. Positives Handeln? Heißt das nicht Positives Denken?

Ich habe eine Abneigung gegen Positives Denken ohne anschließend irgendetwas zu **unternehmen**. Ich kenne Menschen, die sehr wohl positiv denken, sie machen sich durchaus eine Vorstellung davon, wie ihr Traumleben aussehen sollte.

Nur diese Menschen verändern nichts. Sie glauben, dass sich diese Wünsche von selbst erfüllen. Doch das ist nicht so. Nur wer handelt, aus eventuellen Fehlern etwas lernt, bzw. auftretende Schwierigkeiten löst, wird eine Veränderung in seinem Alltag erfahren.

Wenn wir die Storys von sehr Erfolgreichen Menschen studieren, so denken wir oft: Mensch, der hat aber Glück gehabt. Wenn ich diese Ausgangsposition hätte, ich würde auch glücklich sein.

Zwei Gefangene

Zwei Gefangene schauen aus dem Gefängnis. Während der eine nur die Gitterstäbe sieht, entdeckt der andere die schöne Welt hinter den Gitterstäben. Positiv Denken und Handeln heißt nicht, das Leben nur mehr durch die rosarote Brille zu sehen, oder das Unkraut im Garten nicht mehr zu beachten. Wenn wir dies als Positives Denken betrachten, so verdeckt uns das Unkraut all die schönen Blumen und Früchte.

In jedem Problem, in jedem Stück Unkraut den Lernprozess des Lebens zu erkennen. Diese Chance umzusetzen, um dadurch ein wenig Erfolgreicher zu sein als vorher, das ist der Sinn vom Positiven Handeln. Genauso wie wir unsere Muskeln durch ständiges Training bis zu unseren Grenzen stärken, so können wir unsere **Gedanken trainieren**.

Bitte beantworte jetzt ganz spontan folgende Frage:

Mit wem unterhältst du dich den ganzen Tag über am öftesten?

Am öftesten unterhältst du dich mit **dir selbst!**

Durch Gedanken welche dir in jedem Moment **»durch den Kopf gehen«** sprichst du am öftesten mit dir selbst.

Da du jetzt weißt, dass du genau zu dem wirst, was du immer und immer wieder über dich denkst, und die Gedanken selbst bestimmen kannst, wird es vermutlich Zeit sich über den inneren Dialog einmal bewusst zu werden.

Beobachte für einen Tag all deine Gedanken und schreibe sie auf. Überwiegen die Positiven? Lebst du bereits

das Leben so, wie du es dir immer vorgestellt hast, oder
gäbe es da und dort noch etwas zu verbessern?

Vielleicht hast du ja auch schon folgende Gedanken
irgendwo gehört:

-   Immer passiert mir so etwas
-   Mensch, was bin ich doch für ein Idiot
-   Das Leben ist ein harter Kampf
-   Lieber arm und gesund, als reich und .....
-   _______________________________________
-   _______________________________________

Wenn wir uns dieser Gedanken erst einmal bewusst
werden, haben wir schon sehr viel erreicht.

Laut einer Untersuchung der Harvard Universität, hört
der durchschnittliche Mensch bis zu seinem 18. Lebens-
jahr über 150.000 negative Suggestionen wie z.B. »das
schaffst du nicht«, »das kannst du nicht«, »dafür bist du
noch zu klein«, usw.

Kein Wunder also, dass es für viele Menschen unmöglich erscheint das Leben so zu gestalten, wie sie es gerne
hätten.

Es gibt eine goldene Autosuggestionsformel, um ganz-
heitlichen Lebenserfolg zu erreichen. Sprich einfach
folgende Suggestion für ca. zwei Monate zwei bis drei-
mal täglich laut zu dir selbst. Wenn möglich vor einem
Spiegel. Dadurch wird die Suggestionskraft noch um ein
vielfaches erhöht. Sprich diesen Satz **4 x laut hinterein-
ander!**

40

Es geht mir von Tag zu Tag, und in jeder Hinsicht, immer besser und besser und besser.

Diese wunderbare Formel stammt von Emil Coue »Autosuggestion« und hat bereits vielen Menschen dazu verholfen, ohne großen Aufwand sehr viel zu erreichen.

Halte diese Übung mindestens für zwei Monate durch und ich garantiere dir, du wirst nach zwei Monaten enorme Unterschiede spüren.

Diese Übung hat nur einen Nachteil.

Man muss **handeln**, man muss es **tun!**

Die Macht der Nachrichten

Wir wissen nun, dass unser Unterbewusstsein wie die Festplatte eines Computers funktioniert. Wir können selbst bestimmen **was** wir alles darauf speichern. Wir können unser eigenes Programm für unser Leben schreiben. Wenn wir uns mehr mit positiven Gedanken und positiv gestimmten Menschen umgeben, so werden wir uns automatisch wesentlich besser fühlen.

Was aber passiert mit **Nachrichtensendungen und Zeitungen?** Wenn wir die Nachrichten aus Rundfunk und Fernsehen genauer untersuchen, so stellen wir fest, dass ca. 80 – 90 % der Nachrichten negativ sind. Diese Nachrichten wirken auf uns wie Suggestionen. Sie beeinträchtigen unsere Leistung enorm.

Soll man sich von den Nachrichten ganz abblocken? Ich finde Nachrichten, auch negativer Art, gehören zu unserem Leben einfach dazu. Nach dem Gesetz der Polarität, (Tag und Nacht, Sonne und Mond, usw.) gehört das negative genauso in unser Leben wie das Positive. Was wir allerdings sehr wohl ändern können, und auch sollten ist die Intensität der Nachrichten. Hören wir z.B. nur ein mal pro Tag eine Zusammenfassung der Nachrichten, so bleibe wir durchaus informiert. Ich höre Nachrichten meistens nur mehr ein mal pro Woche. Wenn etwas dabei ist, das ich unbedingt wissen sollte, so erfahre ich es mit Sicherheit.

Entscheide selbst, ob du Nachrichten lieber im »Halb - Stunden - Takt« hören willst, oder ob es vielleicht zwei mal pro Woche ausreicht.

Lese einmal bewusst für einen ganzen Monat keine Zeitung, und höre bewusst in dieser Zeit keine Nachrichten. Beobachte ganz genau was passiert. Was passiert mit deiner Kraft und Ausdauer während dieser Zeit. Ich garantiere dir, du fühlst dich anschließend wesentlich leistungsfähiger und vitaler.

Es ist heute bereits wissenschaftlich erwiesen, dass negative Emotionen unsere Leistungsfähigkeit vermindern. Während Gedanken an glückliche Momente, uns Kraft und Energie spenden.

Es gibt natürlich auch **positive Erfolgsliteratur**. Viele Erfolgsautoren bringen regelmäßig Broschüren und Newsletter heraus, in denen du aufbauende Artikel findest. Allerdings bringt dich dieses Wissen vorwärts.

Eine Studie bei Erwachsenen Personen hat ergeben, dass der Durchschnitt ca. 3 - 5 Morde und mehr als 20.000 Tötungsdelikte im Unterbewusstsein gespeichert hat.

Glaubst du wirklich, diese Informationen sind für uns sehr aufbauend?

6. Warum Ziele so wichtig sind

Die eigenen Werte

Was für einige Menschen Kaviar und Lachs, ist für andere Wiener Schnitzel.

Einige Menschen streben im Berufsleben nach hohen Positionen und finden dort auch ihre Erfüllung. Andere Engagieren sich für Vereine und soziale Einrichtungen, während wieder andere Menschen nur Glück verspüren, indem sie anderen Menschen dazu verhelfen, ebenfalls glücklicher und erfolgreicher zu werden.

Warum ist das so?

Jeder Mensch hat verschiedene **Werte**. Manche Dinge sind ihm wichtig, während ihm anderes eher unwichtig erscheint. Das, was bei uns einen hohen Wert hat, erledigen wir mit viel Freude und auch sehr schnell. Während wir Dinge, welche bei uns einen geringen Wert besitzen, immer wieder vor uns herschieben.

Warum ist es nun so wichtig, über dieses Wertesystem Bescheid zu wissen?
Wenn es z.B. unser größter Wert ist, unseren Kindern eine glückliche Kindheit zu schenken, so werden wir alles mögliche dafür tun, um das auch zu erreichen. Wenn jetzt aber gleichzeitig das Programm in uns gespeichert ist: (*Man kann nur Erfolg im Beruf haben, wenn man 70 Stunden und mehr pro Woche schuftet),* so gibt es einen **inneren Konflikt** mit unserem Wert

»Glückliche Kindheit schenken«, und dieser Konflikt hindert uns daran, Erfolg, und dabei meine ich **Spitzenerfolg**, im Beruf zu haben.

Da wir jetzt aber wissen, dass uns viele solche Programme von unseren Mitmenschen **eingeredet** wurden, können wir jetzt ganz konsequent daran arbeiten und somit Veränderungen in unserem Leben bewirken.

Stelle jetzt einmal deine sechs wichtigsten Werte fest!

Bringe diese jetzt in eine Reihenfolge!

Frage dich jetzt bei jedem dieser Werte, vom wichtigsten
Beginnend, ob es nicht einen noch wichtigeren gibt auf
dieser Liste als diesen.

Wenn es einen wichtigeren gibt, so ändere die Reihenfolge. Wenn es keinen wichtigeren mehr gibt, so belasse
diesen Wert auf dieser Stufe und fahre mit dem nächsten
fort, bis die ganze Liste neu nach Wichtigkeit durchge-
reiht ist.

Ich gebe dir dazu ein Beispiel von mir:

1. Gesundheit
2. Meinen Traumberuf verwirklichen
3. Finanziell frei zu sein
4. Ein glückliches Familienleben
5. Reisen, Hobbys, Abenteuer
6. Soziales Engagement

Warum nun diese Reihenfolge?

Ich stelle mir die Frage;

Ist für mich Gesundheit wichtiger als alles andere?
Ich überprüfe also **Gesundheit** mit **Traumberuf**.
Wenn ich nicht gesund bin (dabei meine ich keine Er-
kältung, sondern viel mehr eine schwerwiegende Krankheit), kann ich meinen Traumberuf nicht verwirklichen,
also bleibt **Gesundheit** weiterhin die Nummer eins.
Auch die anderen Überprüfungen ergaben die Bestätigung: Gesundheit ist mein wichtigster Wert.

Wenn du somit den ersten Wert bestätigt hast, gehe
weiter zum nächsten.
Ist Traumberuf wichtiger als Finanzielle Freiheit?

Auf diese Weise weißt du ganz genau was für dich wichtig ist.

Ist z.B. dein wichtigster Wert »Freiheit«, du arbeitest jedoch in einem Betrieb, wo du den ganzen Tag gesagt bekommst, was du als nächstes zu tun hast, so wirst du hier vermutlich nie richtig glücklich sein.

Oder wenn dein wichtigster Wert »Ehrlichkeit« ist, du jedoch immer wieder Menschen ausnützt, so wirst du auch dafür irgendwann Probleme bekommen.

Nehmen wir einmal an, dein wichtigster Wert ist »Gesundheit«. Wenn du jetzt aber pro Tag eine Schachtel (Glimmstängel) rauchst, dazu wenig bewegst, also Sport generell nur vor dem Fernsehapparat, dazu noch eine Packung Chips und eine Flasche Bier, so hast du einen inneren **»Wertekonflikt«**.

Wenn wir uns unserer Werte erst einmal bewusst sind und danach leben, kommen wir unserer wahren Person ein großes Stück näher.

Lebenskraft Ziele

Es ist für mich immer wieder erschreckend festzustellen, wie Menschen, die viele Jahre glücklich und Begeistert waren, plötzlich pensioniert werden, keine Ziele mehr haben, keinen Sinn mehr sehen, wie diese Menschen körperlich und auch geistig abbauen.

Ein guter Freund von mir hat mir einmal gesagt: Ich brauche keine Ziele. Ich bin auch so glücklich. Ich lebe einfach so wie es kommt.

Einfach so zu leben, wie es eben kommt.

Auch das ist bereits ein Ziel. **Einfach glücklich zu sein**, und schauen was einem der Alltag so bringt, das ist bereits ein **Ziel.**

Ich würde mir hier jedoch die Frage erlauben: Lasse ich mich von den Umständen des Lebens **Fremdbestimmen**, oder **schaffe ich mir die Umstände**, die mich dorthin bringen, wo meine wahre Lebensaufgabe steht. Dorthin, wo ich den Sinn meines Lebens finde.

Es gibt Menschen, die suchen ihr ganzes Leben nach dem Sinn. Sie befragen jedes Horoskop, gehen zu Hellsehern, usw.

Diese Menschen treffen normalerweise im Leben keine Entscheidung ohne vorher mit ihrem »Arzt oder Apotheker« gesprochen zu haben. Du kennst sicher auch Menschen, die vor lauter Lebensfreude am liebsten jeden Tag Bäume ausreißen würden. Fragt man diese Leute nach ihren Träumen, Zielen, Visionen, so können sie stundenlang darüber mit voller Begeisterung erzählen.

Fragt man allerdings deprimierte, gelangweilte Menschen, so wird man keine vernünftige Antwort erhalten. Es ist eindeutig erwiesen, dass Menschen, welche ganz genau wissen was sie im Leben noch alles erreichen werden, weniger krank sind und eine Riesengroße Portion an Lebensfreude haben.
Das ist vermutlich auch der Grund, warum die meisten Unternehmer weniger oft krank sind im Vergleich zu vielen Arbeitern und Angestellten.
Vermutlich wirkt die Freude welche wir im Beruf erleben, auf unser ganzes Immunsystem.

Deshalb befindet sich der **Traumberuf** bei mir an zweiter Stelle, gleich nach Gesundheit.

Wenn wir einer Beschäftigung nachgehen, welche wir lieben, die uns von ganzem Herzen erfüllt, sind wir automatisch Begeistert, Motiviert, und voller Lebensfreude.

In Amerika wurde bei einer Befragung festgestellt, dass nur ca. 3 % der Bevölkerung klare, schriftliche Ziele hatte.

20 Jahre später wurden dieselben Leute wieder Befragt. Diese 3 % verdienten weit mehr als die anderen 97 % und sie waren allesamt glücklicher und zufriedener.

Wenn Ziele allerdings so wichtig und wertvoll sind, warum haben dann nicht alle Menschen klare, schriftliche Ziele, an denen sie sich orientieren können, um dadurch jeden Tag eine enorme Portion an Begeisterung zu gewinnen?

Unser Gewohnheitsrahmen

Die Macht der Gewohnheit hindert viele Menschen daran, aus dem **Hühnerstall** auszubrechen und wie ein **Adler** fliegen zu lernen.
Doch schauen wir uns das ganze anhand eines Beispiels im Detail an;

| Altbewährtes / Gewohnheit / Norm | Neues / Chance |

←——————————————————————————————→

Möglichkeiten

Wenn wir etwas gelernt haben, so glauben wir oft, es würde für immer richtig sein. Denn die Macht der Gewohnheit ist **sicher, bequem, angenehm.** Irgendwann jedoch versuchen wir es dann doch **einmal,** und probieren eine Veränderung aus. Da wir damit allerdings beim ersten Versuch keinen Erfolg haben geben wir mit voller Bestätigung für unsere alte Gewohnheit zu früh auf. Wenn man die Biographien Erfolgreicher Menschen studiert, so stellt man fest, dass **alle** ständig nach **neuen Herausforderungen** suchen. Ja, sie **durchbrechen** ganz bewusst den »Rahmen des Möglichkeitsdenken«. Selbstverständlich erleiden sie dadurch oft Schiffbruch. Aber dafür erreichen diese Menschen umso schneller ihr Traumziel. Wenn man die Bevölkerung eines Landes genauer untersucht, so stellt man fest, dass ca. 90 – 95 % sich in diesem Gewohnheits- Rahmen befinden.
»Das haben wir schon immer so gemacht, Warum sollen wir das jetzt ändern?« Oder »Das kann doch überhaupt nicht funktionieren, das hat noch keiner geschafft«.

Diese Menschen jammern dann bei jeder Gelegenheit über die **Politik**, das **schlechte Wetter**, oder sonst irgend etwas banales.

Fragt man diese Leute dann, was sie dagegen tun, so antworten sie meistens;

»Dagegen kann man sowieso nichts tun« . Hauptsache man hat etwas worüber man jammern kann.

Wenn wir immer das gleiche tun, was unsere Mitmenschen für richtig halten, sind wir im Sinne unserer Mitmenschen **»Normal«** , das heißt, wir entsprechen der **Norm.**

Alle Erfolgreichen jedoch haben sich nicht so verhalten, wie sich die Masse verhält. Sie haben sich getraut das Leben so zu leben, wie sie es sich in ihren Träumen vorgestellt haben. Und genau mit dieser Einstellung hatten sie dann Erfolg.

Wenn wir etwas anders machen, als die Masse, so sind wir **ver - rückt** . Das heißt nur wir ver – rücken von der Seite der Erfolglosen auf die andere Seite der Erfolgreichen.

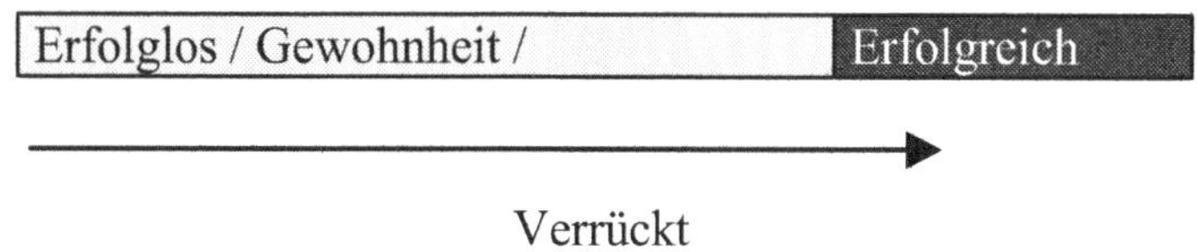

Vor einigen Jahren, dachte so ein **Ver rückter** nach, **wie** es denn möglich wäre zu fliegen. Er wurde ausgelacht und bekam unter anderem folgenden Satz immer wieder zu hören:

Wenn der liebe Gott gewollt hätte, dass die Menschen fliegen können, so hätte er ihnen Flügel gegeben.

Und heute denken wir nicht einmal mehr an diese enorme Leistung. Es ist für uns bereits ganz **»Normal«** geworden, in ein Flugzeug zu steigen, und wenige Stunden später in einem fernen Land unter Palmen im Liegestuhl Sangria zu genießen.

Die meisten Errungenschaften dieser Erde wurden von Menschen erreicht, welche sich trauten andere Wege zu gehen, nach neuen Ideen / Möglichkeiten zu suchen.

Was kann denn nun schlimmstenfalls passieren, wenn wir neue Ideen ausprobieren und neue Chancen ergreifen?

Einige dieser Ideen werden nicht zu den gewünschten Ergebnissen führen, dass heißt, wir haben einen **»Miss - erfolg«**.

Wir werden jedoch gleichzeitig mindestens genauso viele, meistens sogar mehr Ideen verwirklichen können und ein positives Ergebnis erzielen.

Vor allem jedoch, wachsen wir ständig weiter. Wenn man Menschen beobachtet, die während ihrer Arbeitsphase immer lustig und voller Begeisterung waren, dann eines Tages mit Beginn ihrer Pensionierung nicht mehr wissen, was sie den ganzen Tag über machen sollen, sehen wir, wie wichtig es ist, sich immer wieder Ziele auf **allen 6 Bereichen** des Lebens zu setzen, um auf dem Weg dorthin Glück und Erfüllung zu erleben.

Das Glück finden wir nie am Gipfel, sondern immer nur auf dem **Weg** dorthin.
Deshalb ist es wichtig, dass wir die Ziele so hoch wie möglich setzen.

Aber nun zum wichtigsten Teil dieses Buches;

Vom Traum zum Ziel

7. Vom Traum Zum Ziel

Träumen

Beobachte Kinder. Für sie ist es noch ganz selbstverständlich, große Träume zu erleben. Da gibt es den Waschbär, welcher in einer Badewanne zum Mond fliegt, oder einen Kühlschrank, aus dem die ganze Zeit frisches Eis fließt, usw. Im Laufe unserer Entwicklung verlernen wir allerdings diese überaus wertvolle Tätigkeit. Wenn wir mit »Erwachsenen« über unsere Träume sprechen, bekommen wir oft folgende Antworten:
»Hör auf zu Träumen, bleib lieber am Boden«, oder **»Träume sind ja doch nur Schäume«.**

Wir glauben unseren Mitmenschen, da sie ja Älter sind als wir und es deshalb besser wissen müssen.

Tatsache ist jedoch, dass alle überaus Erfolgreichen Menschen zuerst einen verrückten Traum hatten. Doch sie glaubten unentwegt an ihren Traum und ließen sich von niemanden von ihrem Traum abbringen.

Walt Disney **träumte** jeden Tag von einem Riesengroßen Vergnügungspark. Um allerdings dieses Projekt finanzieren zu können, benötigte er die Zustimmung der Banken.

Walt Disney besuchte insgesamt **302 Banken**. Er bekam 301 mal eine Absage, bis er schließlich die Zusage bekam.

Und heute, wie schnell geben wir heute auf?

Ich möchte dich jetzt ermutigen, wieder einmal zu träumen wie als Kind. Vergiss für einen Moment Zeit und
Raum! Wenn für dich alles möglich wäre und es keinen
Misserfolg geben könnte, von was würdest du am liebsten träumen und in die Realität umsetzen?

Stell dir vor, du hast so viel Geld auf dem Konto wie du
es dir vorstellen kannst, du brauchst nur abzuheben und
es wird trotzdem immer mehr. Du hast eine glückliche
Familie. Alles ist harmonisch und ausgeglichen. Du bist
vollkommen gesund und entspannt. Du spürst die Grenze zwischen Erfüllung und Leere. Wenn du das alles
hast, von was würdest du noch träumen?

Schreibe jetzt alles auf! All die großen und auch die
kleinen Träume. Je mehr du deiner Phantasie freien Lauf
läst, umso mehr wirst du nachher davon profitieren.

Bitte lese in deinem eigenen Interesse erst weiter, nachdem du diese Übung gemacht hast!

Wie hast du diese Übung erlebt? War es aufregend für dich? Hast du dich dabei entspannt, oder fühltest du dich sogar zurückversetzt in deine Kindheit?

Ich mache diese Übung mindestens zwei mal im Jahr. Je mehr Träume du hast, umso größer ist auch die Chance diese Träume wahr zumachen. Wie du es schaffen kannst, diese Träume in die Tat umzusetzen?

Ich gehe nach folgenden fünf Punkten vor:

- Träumen
- Ziele setzen
- Prioritäten setzen (Konzentration)
- Handeln (Gegenteil vom reinen positiv denken)
- Genießen und Belohnen

Solange der Traum jedoch nur auf unserem Blatt Papier steht, haben wir nur wenig erreicht. Wir müssen ihn in ein **Ziel** verwandeln. Ein Traum ist nur ein Wunsch: Ich möchte gerne, ich hätte gerne, ach wäre das super, ...! Mit dieser Einstellung wird sich in unserem Leben jedoch nichts verändern.

Wir müssen diesem Traum nun eine klare Gestalt geben und genau formulieren, nicht was wir möchten, sondern was wir **erreichen werden**. Darin liegt der große Unterschied.

Die Geschichte vom verwunschenen Prinzen!

Stelle dir vor, du befindest dich in einer wunderschönen Parkanlage und du gehst zu einem alten Brunnen. Am Rand dieses Brunnens sitzt ein Frosch. Dieser Frosch schaut dich mit seinen dicken, lieblichen Kulleraugen voller Sehnsucht an und spricht zu dir:

Ich bin ein verwunschener Prinz. Ich lebe nun schon seit einigen Jahren als Frosch. Ich bitte dich von ganzem Herzen, küsse mich, und ich bin frei.

*Ich nehme an, warmherzig wie du bist, kannst du dem Frosch diesen Wunsch nicht abschlagen. Du nimmst ihn in deine Hand, schaust noch ein letztes mal auf seinen feuchten, schleimigen Mund und **Schmatz,** .... er wurde wachgeküsst. Vor dir steht ein junger Prinz (oder für die Männer eine Prinzessin), so schön, wie sie noch nie einen Prinzen, bzw. eine Prinzessin gesehen haben.*

Der Prinz spricht: 5 Jahre war ich nun verwunschen, endlich bin ich frei. Als Dank und Anerkennung hast du jetzt einen Wunsch frei. Du musst dich allerdings beeilen, denn ich möchte so schnell wie möglich nach Las Vegas um die verlorenen Jahre nachzuholen.

Schreibe jetzt deinen wichtigsten Wunsch auf!

Dieser Frosch oder Prinz, befindet sich übrigens in Dir. Er nennt sich **Unterbewusstsein**. Was will dir diese Geschichte mitteilen?

Wenn wir dem Frosch z.B. sagen: Ich möchte erfolgreicher werden, so wird er uns diesen Wunsch selbstverständlich auch erfüllen.

Nur er erfüllt uns den Wunsch **aus seiner eigenen Sichtweise** was Erfolg betrifft. Wir haben uns jedoch darunter etwas ganz anderes vorgestellt.

Anhand dieses Beispiels sehen wir, wie wichtig es ist, unsere Ziele klar, eindeutig, und sehr genau zu definieren, damit sich unser Frosch, oder Unterbewusstsein an die Arbeit machen kann.

Ziele müssen also immer positiv formuliert sein. Bitte denke jetzt nicht an die Freiheitsstatue von Amerika!

Wie du vermutlich feststellen konntest, ignoriert das Unterbewusstsein das Wörtchen »nicht«. Ziele müssen deshalb immer positiv formuliert sein und ganz genau beschreiben, wie wir es uns selbst vorstellen.

Das Unterbewusstsein ist ein Ausführungsprogramm. Es bewertet nicht ob etwas gut oder schlecht ist. Es führt einfach die Befehle aus, die es von uns erhält, genauso wie bei einem Computer.

> **Die meisten Menschen unterschätzen, was sie langfristig, und überschätzen, was sie kurzfristig erreichen können.**

Ziele sollten wir uns im Endzustand vorstellen, doch darüber später mehr. Hier nun ein Beispiel für ein falsch formuliertes Ziel:

Ich möchte einmal 1.000.000.- Vermögen besitzen.

Hier die richtige Variante:

In 20 Jahren besitze ich 1.000.000.- Euro Vermögen!

Bitte arbeite jetzt deine Traumliste von Seite 25 - 26 durch, und formuliere deine eigenen Ziele nach dem bisher gelernten.

Arbeite auch gleichzeitig die Liste durch von der Berufung auf Seite 27 durch!

Was würde ich gerne machen, wenn ich alles Geld der Welt hätte und wirklich nur mehr das tun müsste, was mich mit voller Leidenschaft umgibt?

Mache dazu ein Power - Storming!   Was das ist?

Nehmen wir ein Beispiel: In fünf Jahren bin ich selbstständig.

Schreib jetzt dieses Ziel ganz oben auf ein großes Blatt Papier und formuliere es als Frage!

Was kann ich tun, um in fünf Jahren selbstständig zu sein?

Finde jetzt 25 Antworten auf diese Frage und höre nicht eher auf, bevor du wirklich 25 Antworten auf dem Blatt stehen hast. Auf diese Weise bekommst du nach einiger Zeit wertvolle Antworten. Nachdem die ersten 5 - 10 Antworten noch relativ leicht fallen, wird es bei den nächsten 10 - 25 Antworten schon schwieriger, jedoch bekommst du hier meistens die besten Antworten. Somit ergeben sich für dich viele wundervolle Wege um dein Ziel zu erreichen.

Prioritäten

Wollten wir jetzt alle Ziele auf einmal erreichen, so würden wir bald feststellen, dass wir nicht genug Energie und Kraft haben, um diese auch tatsächlich zu erreichen. Wir müssen uns **konzentrieren**. Such dir bitte 3 - 5 Ziele. Wenn möglich, auch noch gestreut. z.B. 1 Berufliches Ziel, 1 Ziel Gesundheit, 1 Ziel, Familie, usw.!

Jetzt hast du bereits sehr viel erreicht. Wusstest du, das nur ca. 3 % unserer Bevölkerung klare schriftliche Ziele hat und immer wieder danach handelt? Doch diese Menschen verdienen weitaus mehr als alle anderen.

Du hast jetzt also deine Ziele gefunden, du hast sie mit einem Datum versehen bis wann sie erreicht sind, und du hast dich auf ein paar wenige konzentriert.

Warum aber erreichen manche Menschen ihre gesteckten Ziele nicht?

Sie kommen nicht ins Handeln. Sie glauben, sie müssen nur Ziele haben, sich auf die Couch legen und die Ziele würden sich von selbst erfüllen.

Es kann allerdings auch sein, dass wir uns Ziele stecken, welche eigentlich nicht von uns sind. Wenn wir das gleiche Auto wollen wie unser Nachbar, oder genauso einen tollen Beruf wie Herr Müller von Nebenan, so kann es sein, dass wir damit nur jemand anderem nacheifern wollen.

Hier ist es sehr Lohnenswert, wenn wir uns in einer **stillen Minute** einmal hinsetzen und uns 10 – 20 Minuten nur auf unser Ziel konzentrieren. Fällt uns diese

Übung leicht, so können wir sicher sein, dass es unsere eigenen Ziele sind.

Ansonsten bitte die Traumliste nochmals und in aller Ruhe erstellen und darüber nachdenken

Die 72 Stunden Regel

Eine Studie hat ergeben, dass alles was wir innerhalb von 72 Stunden beginnen, eine wesentlich größere Chance hat es auch zu erreichen.

Vielleicht hast du auch bereits folgende Situation erlebt: Du hast dich entschlossen, etwas umzusetzen, wartest jedoch damit noch einige Tage. Es verging eine Woche, dann ein Monat und das von dir vorgenommene wurde wieder im Alltag vergessen.

Bitte verstehe mich nicht falsch. Du musst nicht das ganze Projekt innerhalb von 72 Stunden umgesetzt haben. Es geht vielmehr darum, einen ersten Schritt zu tun und konsequent dabei zu bleiben. Das kann z.B. das Lesen eines Buches sein, oder das Aussuchen eines Seminars. Wichtig ist nur, dass du unverzüglich damit beginnst.

Das ist ein Punkt an dem viele Menschen scheitern. Sie wollen alles erreichen aber nichts dafür tun. Sie wollen viel umsetzen, können sich jedoch auf nichts konzentrieren und beginnen erst gar nicht. Alle Erfolgreichen, die ich kennen gelernt habe, haben sich auf **einige wenige Punkte** konzentriert und Schritt für Schritt umgesetzt.

Zu diesem Zweck habe ich ganz hinten im Buch eine Handlungsliste beigefügt. Schreibe diese Liste voll mit deinen Aufgaben, suche die wichtigsten heraus und setze jeden Tag einige wenige davon um.

Flexibel wie ein Segelboot

Ich kenne Menschen, die arbeiten heute noch mit genau den selben Methoden, wie sie es vor Jahren gelernt haben. Doch heute hat sich der Markt verändert. Wir haben mehr Freizeit. Wir wollen mehr Unterhaltung. Die gesamte Wirtschaft befindet sich in einem Umbruch. All dies erfordert von uns ein schnelles und wendiges Handeln.

Wenn du genauso weitermachst, wie bisher, so wirst du auch in Zukunft genau das erhalten, was du bisher bekommen hast, vielleicht sogar weniger, da diese erlernte Methode bereits überaltet ist.

Verändere die Strategie solange, bis du dein gewünschtes Ergebnis bekommst. Dabei behältst du bei was funktioniert und änderst das, was nicht funktioniert.

Wenn ein Seemann in einen Sturm gerät wird das Boot hin und hergerissen. Wenn nun der Sturm vorbei ist, darf sich der Seemann nicht blindlings darauf verlassen, dass der Kurs noch stimmt. Er muss die Karte zur Hand nehmen, den Kurs überprüfen, und notfalls eine Kurskorrektur vornehmen.

Wenn wir einmal erkennen, dass wir uns mit so manchen Strategien und Verhaltensweisen auf eingefahrenen Geleisen befinden und uns entschließen, neue Wege zu beschreiten, dann befinden wir uns auf dem Weg zum Erfolg.

Oftmals sorgt eine Krankheit oder sonstige Schicksalsschläge dafür, daß wir uns wieder einmal besinnen, worin eigentlich der Sinn unseres Lebens liegt.

Achtung, Probleme

Ein kleiner Junge wünschte sich nichts sehnlicher als ein Buch über Zaubertricks. Eines Tages schlenderte er durch die Straßen seines Heimatortes. Vor einem Schaufenster blieb er stehen und erblickte in der Auslage ein wunderschönes Zauberbuch.

Er hatte jedoch ein **Problem**. Dieses Buch kostete fünf Mark. Dieser Junge hatte kein Geld und seine Eltern würden ihm dieses Buch auch nie kaufen, da sie selber sparen mussten und 5 Mark zu dieser Zeit (1946) viel Geld waren.

Er schlenderte also weiter und dachte nur noch an dieses Zauberbuch. Der Junge tanzte auf dem Bordstein herum, so wie es kleine Jungen meistens tun. Er war so auf seine Gedanken und das Buch konzentriert, dass er hinfiel und sich das Knie aufschürfte.

Er lag am Boden, sein Knie blutete, und er weinte.

»Plötzlich«, als seine Tränen langsam versiegten, da erblickte er auf der Straße etwas glänzendes. Da lag vor ihm ein **fünf Mark** Stück.

Der Junge lachte wieder und ging in das Geschäft um sich das Buch zu kaufen. Doch jetzt hatte er erst recht ein **Problem**. Was würden die Eltern sagen?

Zu Hause angekommen, erzählte er seinen Eltern voller Stolz was ihm alles passiert sei und dass er sich nun dieses Buch gekauft habe. Seine Eltern schimpften und gaben ihm Hausarrest. Doch das war dem Jungen egal. Denn jetzt hatte er endlich Zeit dieses Buch zu lesen.

Heute zaubert dieser Junge von damals mit einem Partner unter dem Namen **»Siegfried und Roy«**.

Diese kurze Geschichte soll dir verdeutlichen, wie wir durch **Probleme wachsen** können, wenn wir die Chance darin suchen und umsetzen können.

Wozu sind Probleme überhaupt gut?

Komm, ich erzähl dir eine Geschichte:

Ein Mann, welcher von Sorgen geplagt die Nase voll hatte, suchte eines Tages den Pfarrer seines Dorfes auf. Hochwürden, ich will, dass du mir hilfst meine Probleme zu lösen. Der Pfarrer antwortet ihm: Ich hoffe doch nicht alle? Doch **alle!** Ich will all meine Probleme loswerden. Nun gut, sagte der Pfarrer in einer ruhigen Stimme. Fahr einfach nach Osten in Richtung der Stadt und kurz vor dem Stadttor biegst du rechts ab und fährst einige Kilometer Richtung Süden.

Ganz erschreckt sagte der Mann: Da oben gibt es aber nur den Friedhof und sonst nichts. Ja, sagte der Pfarrer, das ist der **einzige Ort** in dieser Stadt, wo tausende Menschen ruhig und friedlich, und vor allem **ohne Probleme** nebeneinander liegen.

Da begriff der Mann: Ein Leben ohne Probleme (**Herausforderungen, Chancen**,...) ist nicht möglich.

Bevor ein Kind das Licht der Welt erblickt, muss es sich mit aller Kraft und voller **Konzentration** durch einen engen dunklen Kanal hindurchwinden und dabei Schmerzen ertragen. Bevor eine Raupe zum Schmetterling wird, muss sie sich zu einem Kokon verschließen, um dann anschließend durch einen engen Kanal zu einem **prachtvollen Schmetterling** zu werden.

Bevor ein Kind laufen kann, fällt es einige male auf den Boden, usw.

Du siehst also, ohne Probleme kein Leben.

> **Wenn Gott Dir ein Geschenk machen will, so verpackt er es in ein Problem.**

Suche ab sofort in jedem Problem nach der Chance.
Was will mir das Leben durch dieses Problem mitteilen?
Was habe ich eventuell übersehen?

Durch jedes Problem, welches Du erfolgreich löst und daraus lernst, steigst Du automatisch eine Stufe weiter, auf Deiner Erfolgstreppe.

Das Glück und die Erfüllung findest Du jedoch nicht am Ziel, sondern auf dem Weg dorthin. Deshalb der Ausspruch: Der Weg ist das Ziel. Jedoch ohne ein Ziel zu haben, gibt es für uns keinen Weg. Es muss also alles im Leben harmonisch und miteinander im Einklang sein. Yin und Yang (Tag und Nacht).

Sobald Du Dein Ziel erreicht hast, spürst Du ebenfalls ein enormes Glücksgefühl, jedoch nur von kurzer Dauer. Jetzt ist es an der Zeit das nächste Ziel anzupeilen.

Denke groß

Es war einmal ein Eskimo Pärchen. Der Eskimomann ging jeden Morgen zum See, um zu fischen, während seine Frau schon alles vorbereitete, um den Fisch zu braten.

Der Mann holte seine Säge und die Angel aus dem Schrank und machte sich auf den Weg. Beide waren leicht frustriert, da er immer nur **kleine Fische** an Land zog. Beide dachten sich, wie schön es doch wäre, würde er eines Tages einen großen Fisch an Land ziehen. Beide hätten dann wesentlich mehr Zeit füreinander, da ein großer Fisch für mehrere Tage reichte. Am See angelangt, sägte er ein rundes Loch von ungefähr 15 cm Durchmesser in das Eis um die Angelschnur im Wasser zu versenken. Er sägte dieses Loch nun schon seit vielen Jahren und dachte aus reiner **Gewohnheit** nicht mehr daran, etwas zu verändern.

Eines Tages kam ein Eskimo von einem anderen Dorf zufällig an der Stelle vorbei, wo unser Eskimo am fischen war. Der Fremde setzte sich zu ihm, schaute ihm eine Weile beim Fischen zu und fragte anschließend;

Warum sägst du nicht ein größeres Loch?

Der Eskimo blickte ganz erstaunt und fragte warum?

*Wenn du in diesem kleinen Loch Fische an Land ziehst, so kannst du nur kleine Fische fangen Wenn du ein größeres Loch in das Eis sägst, so hättest du eine wesentlich höhere Chance einen **großen Fisch** an Land zu ziehen.*

Wie oft passiert es in unserem eigenen Leben, dass wir uns die Chance nach großen Fischen, Träumen, Zielen usw. dadurch verbauen, indem wir uns weiterhin in den eingefahrenen Geleisen der Gewohnheit befinden.

Was würde sich in unserem Leben alles verändern, würden wir nur in größeren Dimensionen denken? Wenn wir nun gemeinsam unsere Lebensplanung erarbeiten, so denken sie bitte immer daran;

Durch Denken in großen Dimensionen bekommen wir automatisch mehr, und größere Möglichkeiten.

Emmerich Kirschner

Der Film deines Lebens

Die meisten Menschen planen ihren Urlaub mit mehr Begeisterung und wesentlich genauer, als das eigene Leben. Sie wundern sich dann, dass sie nie so richtig glücklich sind und sie haben immer so ein Gefühl, dass sie wie in einem Boot auf hoher See, vom Leben wahllos hin und hergetrieben werden.

> **Nicht der Wind bestimmt den Kurs, sondern wie ich die Segel setze.**

Setz dich jetzt bitte an einen Ort, an dem du dich sehr wohlfühlst. Leg eine aufbauende CD in die Stereoanlage oder entspanne dich auf deine eigene Art und Weise. Mache diesen Workshop in deinem eigenen Interesse nur, zu einem Zeitpunkt, in dem du voller Energie bist und dich wohlfühlst. In solch einem Zustand trauen wir uns wesentlich mehr zu. Wir stecken uns die Ziele automatisch höher und erreichen somit auch mehr. Wir fische also in größeren Löchern.

Stell dir nun vor, du hättest soviel Geld,.... diese Übung kennst du bereits. Du bist vollkommen entspannt, usw.!

Schreib jetzt alles nieder, was dir in den Sinn kommt ohne es gleich zu bewerten. Diesen Schritt erledigen wir zu einem späteren Zeitpunkt.

Am besten schreibst du auch solche Tätigkeiten auf, die du auch dann noch ausüben möchtest, selbst wenn du dafür kein Geld bekommen würdest.

Meine Wünsche und Träume:

Meine Wünsche und Träume:

Konzentriere dich auf diese Liste, und schreibe deine 3 wichtigsten Tätigkeiten auf diese Zeilen, welche dir am meisten Freude und Erfüllung bereiten würden.

1.

2.

3.

Diese Punkte beschreiben deinen Traumberuf! Wenn du jetzt jeden Tag eine kleine Überlegung anstellst, wie du deinen Traumberuf eines Tages ausüben kannst, und diese Schritte auch in die Tat umsetzt, dann bist du bereits auf dem Weg zu einem erfüllten Leben in Reichtum und Wohlstand.

Ist Analyse

Jeder Pilot stellt sich zu Beginn seines Fluges zwei entscheidende Fragen;

Wo will ich hin?
Wo bin ich jetzt?

Diese Fragen sollten wir uns auch stellen.

Wo stehe ich im Moment?
Wo will ich hin?

Ohne diesen Weg, weiß unser Unterbewusstsein nicht was wir wirklich wollen. Wir müssen unserem Schöpfer (Gott, Universum, höhere Intelligenz, usw.) ganz klar und deutlich sagen, was wir von ihm erwarten.

Das kann man vergleichen mit einer Fahrt im Auto. Wissen wir nicht wohin, so fahren wir ein bisschen nach Osten, anschließend ein bisschen nach Westen, bis wir feststellen: Wir befinden uns immer noch am Ausgangspunkt.

Haben wir jedoch ein klares Ziel und einen entsprechenden Grund, warum wir dorthin wollen, so steht uns nichts mehr im Wege. Genauso verhält es sich auch im Leben. Sobald wir einmal wissen wohin wir wollen, sind wir bereits auf dem besten Weg dorthin.

Stelle dir nun zu folgenden Bereichen jeweils zwei Fragen!

Wo stand ich vor einem Jahr?
Wo stehe ich heute?

Gesundheit:

Beruf:

Familie:

Finanzen:

Hobbys / Abenteuer

Soziales Engagement:

Ziel Management

Wiederum auf alle 6 Bereiche anwenden.

Je mehr Nutzen wir anderen Menschen durch unsere Ziele geben, umso erfolgreicher werden wir. Mache andere Menschen Erfolgreich und glücklich und du wirst es automatisch. Viele Menschen haben es uns bereits bewiesen. Wer mit seinen Zielen auch anderen Menschen zum Erfolg verhilft, bekommt es um ein vielfaches wieder zurück.

Was will ich erreichen?
Warum will ich es erreichen?
Wem gebe ich damit welchen Nutzen?

Gesundheit:

Beruf:

Familie:

Finanzen:

Hobbys / Abenteuer

Soziales Engagement:

Teilziele

Viele Menschen **unter**schätzen, was sie **langfristig**, und **über**schätzen, was sie **kurzfristig** erreichen können.

Definiere deine Ziele als

- Lebensziele (ca. 20 –25 Jahre)
- 10 – Jahresziele
- 5 – Jahresziele
- 1 – Jahresziel

und schließlich setze dir daraus ableitend Monatsziele und teile diese auf 30 Tage, um wirklich jeden Tag einen kleinen Schritt darauf hin zu arbeiten.

Beginne zuerst mit deiner Lebensvision und setze dir die Ziele von dort aus zurück!

Setze dir deine langfristigen Ziele so hoch, wie du es dir gerade noch vorstellen kannst. Du hast nämlich für jedes Ziel das du dir selber setzt, alle **notwendigen Fähigkeiten bereits in dir**. Du musst sie nur **entdecken** und die Kräfte freisetzen.

Vom Ziel zum Handeln

Mache jetzt ein Powerstorming, wie du dein Ziel erreichen kannst. Frage dich nicht, **ob** du es erreichen kannst, sondern frage dich vielmehr **wie** du dein Ziel erreichtst. Durch die Verwendung des Wortes »**Wie**«, konzentriert sich die ganze Energie auf die Erreichung deines Zieles.

Wie funktioniert das Powerstorming?

Schreibe dein Ziel als Frage oben auf ein Blatt Papier! z.B. Was kann ich tun, um 1.000.000.- zu erreichen?

Schreibe nun auf ein großes Blatt Papier 25 – 30 Antworten auf diese Frage. Du wirst feststellen, dass die ersten 10 – 15 Antworten noch relativ leicht sind. Die nächsten 10 Antworten sind schon schwieriger und bei den letzten Antworten musst du sehr lange überlegen. Und genau da ist der Sinn dieser Übung. Durch die richtige Fragestellung mit dem Wort »**Wie**«, und den 25 – 30 Antworten schärfst du deinen Geist, worauf er sich ausschließlich auf die Antwort konzentriert.

Wähle jetzt die für dich 3 wichtigsten Antworten aus. Formuliere diese Antworten wiederum als Frage und schreibe je eine Antwort auf ein weiteres Blatt Papier. Jetzt führst du das Powerstorming mit allen 3 Fragen noch einmal durch.

Auf diese Weise hast du nun deinen Geist aktiviert und somit 100 Antworten gefunden, wie du dein Ziel erreichen kannst.

Wenn du diese Übung korrekt und gewissenhaft durchführst, benötigst du mind. 1 – 2 Stunden Zeit. Diese investierte Zeit macht sich jedoch tausendfach bezahlt.

Wichtig ist nur, dass du wirklich nicht eher aufhörst, bevor du 25 – 30 Antworten gefunden hast.

Wähle nun zum Schluss aus den 100 Antworten deine für dich wichtigsten 10 – 20 aus und integriere diese Tätigkeiten im Laufe des nächsten Monats in deinen Alltag.

Setze innerhalb von 72 Stunden die erste Tätigkeit um. Das kann ein Telefonanruf sein, eine Adresse suchen, usw. Wichtig ist lediglich dass du innerhalb dieser Zeit **ins Handeln** kommst. Alles was du innerhalb dieser 3 Tage umzusetzen beginnst, hat eine große Chance zur Verwirklichung.

Arbeite jeden Tag auf dein Ziel hin, in kleinen Schritten. Derjenige, welcher konsequent kleine Schritte macht, ist immer noch wesentlich schneller, als derjenige, welcher sich immer nur vorstellt, etwas zu erreichen, es jedoch immer wieder aufschiebt.

> **Das größte Flugzeug, war zu Beginn nur eine Idee, doch viele kleine Schritte konsequent umgesetzt führten schließlich zu Ziel.**
>
> Emmerich Kirschner

Zielprogrammierung

Es gibt eine einfache, jedoch überaus wirksame Methode, um zu überprüfen, ob das Ziel mit uns übereinstimmt, oder ob es sich lediglich um das Ziel einer anderen Person handelt, welcher wir nacheifern wollen.

Stelle dir nun dein Ziel in allen Einzelheiten vor. Erlebe dich im Ziel. Fühle, wie es sich anfühlt. Was fühlst du in dir? Fühlst du dich entspannt? Gibt dir das Ziel Kraft?

Wenn du nun mindestens 10 Minuten ununterbrochen an dein Ziel denken kannst, so bist du mit deinem Ziel kongruent. Das heißt, das Ziel passt 100 % ig zu dir. Wirst du allerdings ständig abgelenkt, durch verschiedene Dinge, oder du verspürst keine echte Freude beim Gedanken an dein Ziel, so solltest du dir ganz ehrlich folgende Frage stellen;

Ist es wirklich mein **eigener Wunsch (Ziel)**, oder will ich nur eine andere Person nachahmen.

Dein Ziel muss wirklich von ganzem Herzen kommen. Für den einen Menschen ist es wichtig, möglichst viel Geld anzuhäufen, während ein anderer in einer Familie sein Glück findet, und wieder ein anderer braucht beides um echtes Glück zu verspüren.

Finde einfach heraus, ob es dein eigenes Ziel ist. Das Samenkorn in deinem Unterbewusstsein ist nun gesetzt. Jetzt geht es darum, dass du dieses Samenkorn jeden Tag hegst und pflegst. Eine gute Gelegenheit dazu bietet sich am Abend vor dem Einschlafen, bez. am Morgen kurz nach dem Erwachen.

Denkst du am Abend vor dem Einschlafen an dein Ziel, so kann sich dein Unterbewusstsein, (welches nie schläft), sich die ganze Nacht mit diesem Ziel beschäftigen und plötzlich wird der Drang nach diesem Ziel stärker und stärker.

Du bekommst nach einer bestimmten Zeit auch Hinweise von deinem Unterbewusstsein, (das sind die sogenannten Entscheidungen «aus dem Bauch heraus»), um das Ziel sicher zu erreichen.

Du kannst auch während des Duschens, bei einem Entspannungsbad, oder bei einem Spaziergang dein Ziel visualisieren.

In diesen Phasen ist die Tür zu deinem Unterbewusstsein weit offen und du kannst dir dein Leben so gestalten wie du es einmal haben möchtest.

Jeder Mensch ist mindestens zwei mal pro Tag in einem sehr entspannten Zustand. Diesen Zustand erreichst du bewusst nur durch Mentaltraining, Selbsthypnose, Meditation, usw. Am Abend kurz vor dem Einschlafen und am Morgen gleich nach dem Erwachen bist du automatisch in diesem Zustand völliger Entspannung.

Jetzt verstehst du vielleicht warum es so wichtig ist mit welchen Gedanken du in den Schlaf gehst.

- Was wird Morgen wieder sein?
- Wie schaffe ich das bloß
- Ach was bin ich doch für ein Idiot...?
- ____
- ____

Du kannst diese Technik jedoch auch zu deinem Vorteil nutzen. Denke jeden Abend an dein großes Ziel!

Stell es dir in allen Einzelheiten vor!
Fühle wie es sich anfühlt!
Schau genau wo du dich befindest!
Höre die Geräusche die du wahrnimmst!

Mit dieser Übung einzuschlafen ist überaus wirksam. Dein Unterbewusstsein kann sich die ganze Nacht mit deinem großen Ziel beschäftigen und **wird dir Wege aufzeigen an die du noch überhaupt nie gedacht hast**.

Wenn es dir schwer fällt am Abend an dein Ziel zu denken, und es in allen Einzelheiten auszumalen, überleg dir bitte ob es überhaupt dein eigenes Ziel ist, oder ob du damit nur einen anderen Menschen nachahmen willst.

8. Persönlichkeit

Ausstrahlung

> **Wer nicht lächeln kann, sollte auch kein Geschäft eröffnen!**
>
> Chinesisches Sprichwort

Wie viel Wahrheit doch in diesen Zeilen steckt. Ich durchlebte eine Zeit, da glaubte ich, dass ich all meine negativen Gefühle und Emotionen, bei anderen Menschen abladen konnte. Ich war überzeugt, wenn ich meine Gefühle nicht auslebe, würde es mir anschließend schlechter gehen.

Es gibt heute noch immer Verkäufer, die mit ihren Kunden lieber über ihre eigenen Probleme und Sorgen sprechen, als dem Kunden **Problemlösungen** anbieten.

Wenn man diese Verkäufer befragt, warum sie denn so eine miese Laune haben und diese auch zeigen, bekommt man oft folgende Antworten:
Mein Auto hat heute früh wieder gestreikt, oder ich habe die halbe Nacht nicht geschlafen, weil meine Kinder immer wieder aufgewacht sind, oder ich fühle mich heute einfach nicht gut.

Doch folgende Tatsache steht fest:
Den Kunden interessieren deine Probleme nicht!

Jeder Mensch hat selbst genügend Schwierigkeiten und Probleme im Leben und sucht deshalb nach **Lösungen!**

Sei anderen Menschen dabei behilflich, ihre eigenen Probleme zu lösen, und es geht dir automatisch besser, denn in diesem Fall konzentriert du dich auf die Lösung eines Problems außerhalb deiner eigenen Person. Was aber kannst du tun, wenn du ein Tief hast? Kann man dagegen überhaupt etwas unternehmen? Viele Menschen sind der Ansicht, man müsse im Leben eine bestimmte Zeit leiden, um schließlich einmal irgendwo in das Himmelreich eintreten zu dürfen. Sie glauben, man muss Tagelang in dieser negativen Stimmung verharren, da es keine Möglichkeiten gibt, sich aus dieser Situation zu befreien, da es anscheinend unser Schicksal ist.

Ich habe einfach Erfolgreiche Menschen beobachtet und überall bestimmte Verhaltensweisen festgestellt: Erfolgreiche Menschen **bestimmen selbst**, ob sie sich gut fühlen wollen oder nicht. (Ganz egal, ob sie momentan ein Problem belastet oder nicht). Sie entscheiden sich einfach jeden Morgen für ihr eigenes Glück.

Und siehe da, die meisten Probleme verschwinden einfach bereits dadurch, da wir ihnen keine Beachtung mehr schenken.

Du glaubst das geht nicht so einfach?

Mach doch bitte folgende Übung; Aber bitte nicht, wenn du gerade einige Bewerter, Skeptiker, um dich hast, denn sonst könnten sie dich für **Ver – rückt** halten.

Ganz egal, wie du dich jetzt fühlst, stell dich aufrecht hin, und in voller Größe vor einen Spiegel. Bauch rein, Brust raus. **Lache jetzt für eine Minute von ganzem Herzen deinem Spiegelbild zu.**

Beobachte dabei deine Gefühle.

Die meisten stellen fest, das sie sich auf einmal körperlich und auch geistig, seelisch wieder gut fühlen.

Es gibt allerdings auch Menschen, die es nicht schaffen, ihr eigenes Spiegelbild eine Minute lang anzulachen. Wenn es aber nicht möglich ist dem eigenen Spiegelbild ein freundliches Lächeln zu schenken, so ist es unmöglich, unseren Mitmenschen gegenüber freundlich und offen zu sein.

Immer, wenn wir uns schlecht fühlen, nehmen wir eine ganz bestimmte Körperhaltung ein. Wir senken den Kopf, lassen die Schultern hängen, ziehen die Augenbrauen zusammen, usw.

Wie innen so außen. Wenn wir innen gut drauf sind, zeigen wir das automatisch auch im außen. Wenn das aber von innen nach außen geht, kann es doch sein, daß es auch umgekehrt funktioniert. Wenn wir die Körperhaltung bewußt verändern, verändern sich auch die Gefühlen innen.

Jeder Erfolgreiche sucht sich Tätigkeiten, um sich von negativen Gefühlen und innerer Unruhe zu befreien, damit er im Kontakt mit anderen Menschen ruhig und ausgeglichen ist. Hierzu in einem späteren Kapitel mehr.

Ich möchte nochmals zusammenfassen;
Man kann seine Gefühle schon allein dadurch verändern, indem man die Körperhaltung genauso einnimmt, wie bei einem Leistungshoch. Wenn man regelmäßig in den Spiegel lacht, geht es einem automatisch besser. Um

negative Gefühle abzubauen, erzähle ich im Kapitel »Entspannung« mehr.

Sollten sich jedoch die negativen Gefühle in deinem Leben häufen, oder du leidest unter länger anhaltenden Depressionen, so kann ich dir nur den Besuch eines **guten Reinkarnationstherapeuten** empfehlen.

Selbstsicherheit

Ich kenne Menschen, die lassen sich durch jede Kleinigkeit aus der Ruhe bringen. Wenn ihnen der Chef eine Aufgabe zuteilt, nicken sie mit dem Kopf und beginnen sofort damit, die Aufgabe rasch und brav zu erledigen, obwohl sie tief im inneren eine Abneigung gegen diese Tätigkeit verspüren.

Und dann gibt es noch die andere Sorte von Menschen. Sie lassen sich durch nichts und niemandem aus ihrer Ruhe bringen. Sie stehen im Leben, wie ein Fels in der Brandung. Sie strahlen eine innere Gelassenheit und Selbstsicherheit aus, wie man es sich nur wünschen kann.

Aber warum diese Unterschiede. Ich glaube, dass die unsicheren Menschen einfach ihren eigenen Wert noch nicht richtig erkannt haben. Doch Tatsache ist: Jeder Mensch ist einzigartig und jeder Mensch, vorausgesetzt, er ist dazu geistig in der Lage, kann seine Selbstsicherheit Schritt für Schritt verbessern. Aus vielen tausend Samenzellen war es nur **einer Einzigen** möglich die Eizelle zu befruchten. Aus vielen tausend, ich glaube es sind sogar Millionen, hat nur eine einzige überlebt.

Und diese **Einzige,** das bist du!

Du bist Einzigartig. Du bist eigentlich von **Natur** aus ein **Gewinner.**

Was kann man tun, um sein Selbstwertgefühl zu verbessern?

Schreibe dir jeden Abend 3 – 5 Dinge auf, die du gut erledigt hast, bez. dir viel Energie geliefert haben. Das können so Dinge sein, wie z.B. ein schöner Einkaufsbummel, oder das neue Kleid in der Boutique, oder ein schöner Spaziergang mit deiner Familie.

Es ist einfach wichtig 3 – 5 Tätigkeiten jeden Tag zu finden und aufzuschreiben, doch das ist am Anfang überhaupt noch nicht leicht, wenn man nicht an sich glaubt.

Regelmäßig angewandt jedoch, baut sich das Selbstbewusstsein bereits nach wenigen Wochen schon erheblich auf und man kann feststellen, dass das Leben auf einmal wesentlich mehr Momente der Freude und des Glücks für einen bereit hält.

In Verbindung mit Mentaltrainingscasetten lassen sich hierbei überragende Fortschritte erzielen.

9. Kommunikation

Die Mokassins der anderen

Kommunikation funktioniert dann hervorragend, wenn wir es schaffen, uns geistig in die Lage unseres Gesprächspartners zu versetzen.

Jeder Mensch hat andere Voraussetzungen und eine andere Sichtweise der Dinge. Derselbe Satz, kann bei einem Menschen Freude, bei einem anderen Menschen jedoch tiefen Schmerz auslösen.

Es gibt dazu einen bekannten Spruch;

> **»Bevor du einen Menschen verurteilst, wandere zuerst einige Zeit in seinen Mokassins!«**

Es gibt dazu eine bekannte Geschichte, welche ich dir erzählen möchte. Diese Geschichte geht bei den meisten Menschen tief ins Herz und berührt unsere Seele. Der Inhalt dieser Geschichte ist für unser Leben, insbesondere dem Verständnis unserer Mitmenschen von wichtiger Bedeutung.

Es war einmal ein Handelsreisender, welcher mit dem Zug in eine andere Stadt fuhr. Im Zugabteil befanden sich auch zwei ältere Damen und ein Vater mit drei Kinder. Die Kinder sprangen ständig umher, hüpften auf die Sitze und wieder auf den Boden. Ab und zu belästigten sie sogar die beiden älteren Damen.

Plötzlich wurde es dem Handelsreisenden zu viel. Er stand auf, ging zu dem Vater, welcher mit gesenktem Kopf einfach nur dasaß und zu Boden schaute. Er stand nun vor ihm und sagte mit energischem Ton: »Entschuldigen sie mein Herr, sehen sie denn nicht, dass ihre Kinder die anderen Mitreisenden belästigen?«
Da erhob der Vater der Kinder langsam den Kopf und sagte mit Tränen in den Augen:

Verzeihung mein Herr, ich habe es nicht bemerkt. Wissen sie, meine Frau, die Mutter der Kinder, ... sie ist vor wenigen Stunden gestorben. Ich kann es noch gar nicht fassen. Meine Kinder verarbeiten es vermutlich auf ihre eigene Weise. Ich bitte sie nochmals um Entschuldigung.

Ob diese Geschichte wahr ist, oder nicht, spielt absolut keine Rolle. Denn, woher wollen wir denn wissen, in welcher Lage sich unser Gesprächspartner befindet?

Bevor wir also Menschen verurteilen, oder zumindest zurechtweisen, sollten wir uns immer zuerst in seine Lage versetzen.

Ich habe mich vor einigen Jahren noch furchtbar darüber aufgeregt, wenn mich Autofahrer an unübersichtlichen Stellen überholt haben. Durch eine einfache Technik kannst du dich von diesem Ärger befreien:

Was wäre, wenn dieser Mensch ins Krankenhaus fahren müsste, um einen ihm nahestehenden Menschen zu besuchen, welcher nach einem Unfall gerade mit dem Hubschrauber abtransportiert wurde? Ob es so ist, wissen wir alle nicht, darum finde ich es für das beste, in solchen Situationen die Ruhe zu bewahren und niemanden zu verurteilen.

Das Gesetz der Resonanz

Wie man in den Wald hineinruft, so schallt es mit Sicherheit zurück.

Wenn man arrogant und voller Hass auf andere Menschen zugeht, bekommt, man automatisch diese Haltung von unseren Mitmenschen zurück. Gibt man jedoch Liebe und Freude weiter, so wird auch diese, wie ein Bumerang immer wieder zu uns zurückkehren.

Unsere Mitmenschen sind genaugenommen nur ein **Spiegelbild** von uns selbst. So wie unsere Mitmenschen sich uns gegenüber verhalten, genauso fühlen wir uns ganz tief in unsere Seele. Wenn wir es schaffen, diese Gesetzmäßigkeit zu erkennen und dementsprechend uns selbst erkennen, so können wir uns sehr leicht verändern.

Wenn ein Firmeninhaber z.B. immer wieder Kunden bekommt, welche Rechnungen immer erst nach der dritten Mahnung bezahlen, sollte er sich einmal ernsthaft fragen, ob er denn nicht auch selber diese Einstellung besitzt. Natürlich nur, wenn das immer wieder und auch oft passiert. Wegen gelegenheitlichen Mahnungen und vereinzelten Kunden sollten wir uns nicht zu viele Gedanken machen.

In diesem Raum befindet sich eine große Auswahl an Radiowellen. Wenn wir jetzt das Radio auf eine dieser Wellen einstellen, können wir das Programm empfangen. Wenn wir ein anderes Programm wahrnehmen wollen, so brauchen wir nur die Antenne verändern und die Resonanz zu einer anderen Welle herzustellen. Genauso verhält es sich mit Gedanken. Nur ist das wissenschaftlich noch nicht messbar.

Vielleicht kannst du dich noch erinnern. Ab dem Zeitpunkt, an dem du den Entschluss gefasst hast, dir das neue Auto zu Kaufen, hast du danach »zu-fällig« bemerkt, wer in deiner Gegend aller dieses Auto fährt. Das Gesetzt der Resonanz zieht solche Situationen in dein Leben. Genauso ist es auch möglich, bestimmte Menschen in unser Leben zu ziehen.

Suchen wir z.B. unsere große Liebe, sollten wir uns zuerst einmal bewusst werden, was das für uns bedeutet. Wir sollten uns einmal bewusst werden, was wir darunter überhaupt verstehen. Beim zweiten Schritt müssen wir dann selber so werden. Das heißt: Wollen wir einen Liebevollen Partner in unser Leben ziehen, so müssen wir zuerst **selbst** ein liebevoller Partner werden. Das können wir jedoch nur wenn wir uns selber so **akzeptieren**, wie wir sind und uns sogar darüber freuen.

Ein guter Test ist wieder der Spiegel. Schaffen wir es, das Spiegelbild zu lieben, oder treten wir erschrocken zurück und sagen; Nein, dir putze ich heute nicht die Zähne.

Gleich und Gleich gesellt sich gern. In diesem alten Sprichwort steckt sehr viel Wahrheit verborgen.

Sobald wir uns dazu entschließen, Erfolgreich zu werden, ab diesem Zeitpunkt bekommen wir automatisch durch das Gesetz der Resonanz Hinweise und Menschen die uns Unterstützen. **Zu – fällig** flattert uns ein Werbeinserat über ein Seminar ins Haus, oder wir treffen einen Menschen, der ähnliche Interessen besitzt und es entwickelt sich daraus eine intensive Freundschaft. Die Liste ließe sich noch beliebig fortsetzen. Für mich existiert das Wort »**Zufall**« nicht mehr. Ich bin statt dessen überzeugt, davon, dass uns die richtigen Dinge, welche wir auf unserem Weg benötigen, »**Zu - fallen**«. Vorausgesetzt, wir fühlen uns innerlich bereit dazu.

Rethorik

Schauen wir uns einmal führende Personen aus Politik und Wirtschaft etwas genauer an, können wir folgendes feststellen: Sie alle, können hervorragend Sprechen und in anderen Menschen Wünsche erkennen, um genau darüber zu Reden.

Wenn aber die Sprache so wichtig ist, sollten wir uns damit etwas näher befassen. Es kommt nicht darauf an, was man sagt, sondern es kommt vielmehr darauf an **Wie** man etwas sagt.

Angenommen, ich würde folgendes zu dir sagen: Also diese Hose, und diese Bluse, das passt doch überhaupt nicht zusammen, also wirklich.

Wenn ich so zu dir sprechen würde, wärst du vermutlich sehr verärgert über mich.

Sage ich jedoch: **Wow**, wo hast du denn diese tolle Bluse gekauft? Die passt dir ja hervorragend. Ich finde, eine schwarze Hose würde die Farbe der Bluse sogar noch etwas **betonen.**

Ich habe dir die selbe Botschaft vermittelt. Beim zweiten Versuch allerdings eine andere **Ausdrucksweise** verwendet, und damit **dein Herz gewonnen.**

Es gibt einige Techniken um die Stimme zu trainieren, doch sollte man hierbei folgendes beachten:

Die Stimme sollte auf jeden Fall natürlich wirken. Wenn ich z.B. ein Hochdeutsch »Herauspresse«, und mich dabei überhaupt nicht wohl fühle, bin ich garantiert auf dem verkehrten Weg. Ich denke, es gilt, die richtige Mischung zwischen Dialekt und Hochdeutsch zu wählen, um von anderen Menschen gut verstanden zu werden. Wenn wir telefonieren, ist es wichtig darauf zu achten, welche Stimmlage unser Gegenüber hat. Redet er laut, leise, ziemlich schnell, oder eher langsam? Wenn wir es schaffen, uns dieser Stimmlage etwas anzupassen, so erreichen wir automatisch eine bessere Gesprächsbasis.

10. Gesundheit

Mehr Energie

Was heißt eigentlich, Trennkost, Diät, Vitamine?

Vielleicht gehörst du auch zu den Personen, die gerne Wiener mit Pommes verspeisen, dazu ein Getränk (vielleicht sogar Cola), anschließend als Nachtisch ein Eis oder einen Früchtekompott und zum Abschluss, um den Mittagsschlaf vorzubeugen, noch eine Tasse Cappuccino.

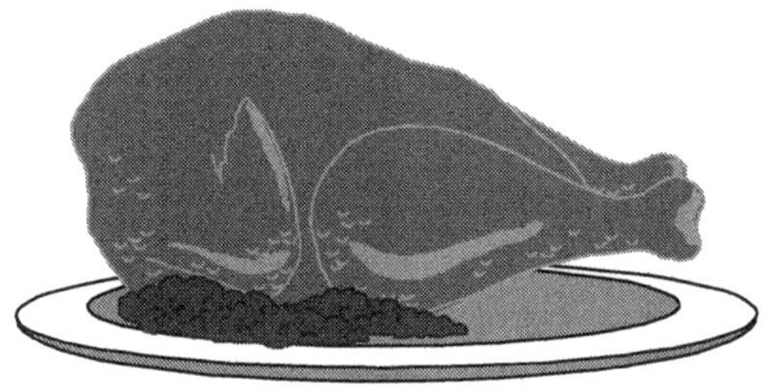

Hier etwas wichtiges gleich vorweg. Du brauchst auf all diese Gerichte nicht verzichten. Ich werde dir lediglich zeigen, wie du durch eine andere Lebensmittelkombination deinem Körper dabei behilflich sein kannst, die aufgenommene Nahrung leicht zu verdauen. Dadurch gewinnst du sehr viel Kraft und Ausdauer und du lebst viel gesünder.

Ich habe durch diese Methode innerhalb von wenigen Monaten ohne Anstrengung 20 Kilo abgespeckt und wesentlich mehr Kraft und Energie gewonnen.

Grob eingeteilt, arbeitet unser Körper in drei Intervallen;

- Nahrungsaufnahme von ca. 12:00 Uhr – 20:00 Uhr
- Verarbeitung   von ca. 20:00 Uhr – 04:00 Uhr
- Ausscheidung   von ca. 04:00 Uhr – 12:00 Uhr

Hast du nicht auch schon folgende Aussagen von deinen Eltern gehört? »Ein kräftiges Frühstück und der Tag ist gerettet«. (Womöglich noch Spiegelei und Toast). Was passiert nun im Körper mit dem Toast? Der normale Rhythmus unseres Körpers ist auf die Funktion **Ausscheiden** eingestellt. Wenn wir ihm nun eine Portion Spiegelei verabreichen, kann er es nicht richtig umsetzen. Da der gesamte Verdauungstrakt seine gesamte Energie für das Ausscheiden der Nahrung verwendet, muss er sich vom restlichen Organismus zusätzliche Energie besorgen.

Stell dir vor, du arbeitest beim Bau deines Wohnhauses. Du stellst eine Mauer auf. Täglich bekommst du dafür vom Bauunternehmen eine Fuhre Ziegel angeliefert, die du noch am selben Tag verarbeiten kannst.
Natürlicher Rhythmus.

Plötzlich jedoch bekommst du zwei Fuhren täglich. Du kannst jetzt schneller arbeiten, auf Kosten deiner Energie (Leistungskraft), du kannst mehr Leute einstellen, oder du kannst die Ziegel **zwischenlagern.**

Unser Körper reagiert ähnlich. Er holt sich von anderen Bereichen zusätzliche Energie (dadurch werden wir nach dem Essen schneller müde), und er setzt für die zuviel verabreichte Nahrung ein **Zwischenlager** an (Fettpolster)! Er transportiert Toast für Toast in die Hüften, Oberschenkel, Bauch, usw. !

Die einfachste Lösung um zu einem gesunden und vitalen Körper zu gelangen, ist so simple dass manche Menschen nicht daran glauben können.

Unsere Erde besteht zu **75% aus Wasser**, unser Körper, je nach Alter und Geschlecht, zu ca. **65 – 85%**. Das heißt, wir müssen viel Flüssigkeit zu uns nehmen. Der Mensch kann über längere Zeit ohne Nahrung auskommen, jedoch nur wenige Tage ohne Wasser. Deshalb sollte unsere Nahrung zu **70% aus Wasserhaltiger Kost** bestehen. So eine typische Nahrungszusammenstellung schaut folgendermaßen aus; 30% Schnitzel, 35% Gemüse, und 35% Salat.

Eiweiß (Fleisch) wird im Magen mit Hilfe einer Säure verdaut. Die Verdauung von Stärke (Pommes) jedoch erfordert eine Base (Lauge). Aus dem Physikunterricht unserer Schulzeit kennen wir, dass eine Säure in Verbindung mit einer Lauge ihre Wirkung verliert.

Von Verdauen kann also keine Rede mehr sein. Das Essen beginnt zu gären. Es verfault im Magen und im Darm. (Aufstoßen, Völlegefühl, Blähungen). Wenn du bei deiner Mahlzeit Pommes und Schnitzel trennst, und stattdessen das Wiener mit **Salat** und **Gemüse** zu dir nimmst, so leistest du deinem Körper einen großen Dienst. Er wird es dir durch mehr Leistungsfähigkeit und Vitalität danken!

Willst du abnehmen, ohne auf etwas zu verzichten zu müssen, so trinke ca. 10 min. vor jeder Mahlzeit ein Glas Wasser. Dadurch sind wir nicht mehr so hungrig und essen automatisch etwas weniger. Wenn wir es zudem noch schaffen das Teller **nicht** leer zu Essen, sondern dann aufzuhören, wenn wir wirklich genug haben, dann bleiben wir automatisch bei unserem Idealgewicht. Zum Essen, und ca. 1 – 2 Stunden danach sollten wir keine Flüssigkeit zu uns nehmen, sonst werden die Magensäfte verdünnt und die Verdauung benötigt wesentlich länger und braucht auch mehr Energie.

Ernährungstipps

Eine goldene Regel der Ernährung lautet;

»Iß am Vormittag nur Obst, bez. Trink frisch gepresste Obstsäfte«!

Jetzt wirst du vermutlich sagen; Ich vertrage aber kein Obst. Vielleicht hast du das Obst nur zur **falschen Zeit** gegessen. Obst wird nämlich in spätestens einer Stunde verdaut und verlässt damit den Magen. Fleisch hingegen benötigt für die Verdauung mehrere Stunden. Essen wir also einen Apfel **nach** einer Mahlzeit, wird der Apfel schneller verdaut, er kann aber nicht durch den Darm, da unser Verdauungsapparat noch mit der Verarbeitung von Fleisch beschäftigt ist.

Er beginnt nun zu gären und wir bekommen Blähungen. Dann heißt es wieder: »Ich vertrage kein Obst«. Obst auf nüchternen Magen ist die beste Medizin die ich kenne. Unser Körper ist wie vorhin schon erwähnt von ca. 04:00 – 12:00 Uhr mit dem Ausscheiden der Nahrung beschäftigt. Wenn wir unserem Körper in dieser Zeit nur Obst und frische Fruchtsäfte, bez. Wasser verabreichen, unterstützen wir ihn und er kann optimal für uns arbeiten.

Es ist jedoch in den ersten Wochen etwas komisch, wenn du die Ernährung umstellst. Der Körper muss sich an den neuen Rhythmus erst gewöhnen. Wenn du jedoch durchhältst, belohnt dich dein Körper tausendfach dafür.

Wer allerdings gesundheitliche Probleme hat, oder wem die Ernährungsumstellung nicht bekommt, sollte auf jeden Fall diese Umstellung mit seinem Hausarzt besprechen.

Eine altbekannte Gewohnheit unserer Gesellschaft ist es den Teller leer zu Essen, ganz egal, ob man genug hat oder noch nicht. Warum ist das so? Die Ursache liegt bei den meisten von uns in der Kindheit. Wir alle haben schon einmal den Spruch gehört; »Iß deinen Teller leer«, dann gibt es eine Belohnung.

Diese Worte wiederholten sich so oft, dass sich schließlich daraus ein **Glaubenssatz** bildete. Doch dieser Glaubenssatz hat heute keine Bedeutung mehr, denn wir können jetzt soviel Essen, wie wir **selber** entscheiden. Und trotzdem wirkt dieser Glaubenssatz in uns, solange wir uns dessen nichtbewusst werden und ihn ändern.

Entspannung

In unserer schnelllebigen Zeit wird Entspannung immer wichtiger. Was heißt eigentlich »Entspannung« und warum ist Entspannung so wichtig? Es gibt ein kosmisches Lebensgesetz: **»Polarität«!** Dieses Gesetz funktioniert, ob wir daran glauben oder nicht. Es gibt Sonne, und es gibt einen Mond. Die eine geht, und der andere kommt. Es gibt Tag, und es gibt Nacht. Der Tag geht, und die Nacht kommt.

Genauso, wie es Konzentration, Fleiß, Anspannung in unserem Leben gibt, so sollten auch Zeiten der Erholung vorhanden sein. Das beste Ziel bringt uns nichts, wenn wir es nicht **genießen** können. Kommen diese Phasen zu kurz, zwingt uns dieses Gesetz durch Krankheit (Grippe, oder ähnliches) zur Entspannung.

Was können wir tun, um uns rundherum wohl zu fühlen? Wichtig ist vor allem, dass wir wieder lernen, auf unsere innere Stimme zu hören. Entscheidungen »Aus dem Bauch heraus« treffen. Wenn unser Körper uns mitteilt, er braucht Entspannung, sollten wir nachgeben, bevor unser Körper uns dazu zwingt.

Wie können wir uns Entspannen?

Entspannung kann für jeden etwas anderes bedeuten. Manche Menschen entspannen sich bei einem heißen Bad, andere bei einem ausgedehnten Spaziergang, usw. Die Liste ließe sich beliebig fortführen.
Schreib doch jetzt einmal auf, was dir so richtig gut tut, wo du dich wohlfühlest.
Sorge jetzt dafür, dass du diese Tätigkeiten regelmäßig in deinen Alltag integrierst.

Eine sehr schöne Art zum Entspannen kann es auch sein, an einem See oder am Meer zu sitzen, vom eigenen Leben zu träumen, von den eigenen Zielen, was man noch alles erreichen will, und dabei einmal alle geistigen Grenzen aufheben und unserer Fantasie wieder einmal freien Lauf zu lassen.

Meditieren kann eine sehr effektive Art der Entspannung sein. Es liegt an dir, deine geeignete Art herauszufinden und diese regelmäßig in deinen Alltag zu integrieren.

11. Reichtum und Wohlstand

Ist Geld gut, oder schlecht?

Es gibt Menschen, die eine gute, positive Einstellung zu Geld haben, und Menschen, die Geld unbewusst verdammen und ablehnen.

Wie denkst du über viel Geld?

Bitte führe jetzt folgende Übung durch!

Ich erzähle dir eine Geschichte. Versetze dich voll in die Geschichte hinein. Lebe mit dieser Geschichte mit. So als ginge es dabei um dein eigenes Leben.

Schreibe anschließen alles auf was dir in den Sinn kommt, wieder ohne es zu bewerten. Einfach den Gedanken freien Lauf lassen.

Ein reicher Mann, gut gekleidet mit einem teuren Designer Anzug, fährt in seiner Limousine die lange Einfahrt entlang zu seiner Luxusvilla. An der Villa angelangt, öffnet ihm ein Butler die Autotür. Auf dem Weg zum Eingang des Hauses kommt er am wunderschönen Teich vorbei, in dem die teuersten Fischsorten der Welt schwimmen. Er steigt die Marmorstufen hinauf zu seiner Villa. Oben angelangt, öffnet ihm eine seine Haushälterin freundlich die Tür. Er betritt den riesigen Vorraum seiner Villa und verschwindet schließlich hinter einer Tür in seinem 100 Quadratmeter großen Wellnessbereich, um sich von den Strapazen des heutigen Tages zu erholen.

Bitte alle Gedanken aufschreiben!

Stehen hier nun Wörter wie: »Schuften, harte Arbeit, Anstrengung, Gaunerei« usw., brauchen wir uns nicht wundern, wenn wir zuwenig Geld in unser Leben ziehen. Stehen auf diesem Blatt jedoch Dinge wie: »Urlaub, Wohlstand, Spenden, Helfen, usw., haben wir tief in unserem inneren eine positive Einstellung zu Geld.

In manchen Ländern der Erde ist es völlig normal darüber zu sprechen, wie viel Geld man besitzt, oder bald besitzen wird. In unseren Breitengraden haben jedoch die meisten Menschen **Hemmungen** über ihre Finanzen zu sprechen. Es ist ein richtiges **Tabuthema.** Liegt es vielleicht daran, wie wir **tief in unserem inneren darüber denken?**

Ist Geld eigentlich gut, oder schlecht?

Diese Frage lässt sich sehr gut an einem Beispiel erklären. Wir könnten genauso gut fragen: Ist ein Auto gut, oder schlecht? Wir können mit einem Auto jemanden **umbringen**, oder wir können jemandem das **Leben retten**, indem wir ihn mit dem Auto in das Krankenhaus fahren. Dem Auto ist es egal, wie wir es verwenden. Und genauso ist es auch mit Geld. Wir können es verwenden, um damit Waffen zu kaufen, oder wir können es dazu verwenden um ein Waisenhaus zu bauen. Dem Geld ist es egal, was wir damit machen. Erst unsere Einstellung bestimmt darüber, ob Geld gut oder schlecht ist.

Man hört immer wieder den Satz; »Geld verdirbt den Charakter«

Durch Geld wird der Wahre Charakter eines Menschen schneller sichtbar!

Das Thema Geld ist auch immer wieder ein Grund für Beziehungskrisen. Dabei geht es meistens um zu wenig Geld. Ich habe noch kein Paar kennen gelernt, das sich über zu viel Geld gestritten haben. Warum jedoch leben so viele Menschen in Armut, oder warum fließt das Geld bei manchen nicht richtig?

Das Leben ist wie ein großer Wasserhahn. Es fließt konstant gleich viel Energie hindurch. Es kommt nur darauf an, ob wir ein Wasserglas hinhalten oder eine Badewanne damit auffüllen. Beobachtet man reiche Menschen, so stellt man fest, dass sie alle ein überdurchschnittliches **Selbstwertgefühl** haben, sowie einen unerschütterlichen Glauben an sich selbst und sie schaffen es, diese Begeisterung auf andere Menschen zu übertragen.

Wenn wir uns nicht genug »**Wert**« fühlen, eine bestimmte Aufgabe zu erledigen, signalisieren wir damit unserem Unterbewusstsein, dass wir es nicht **Wert** sind, **Reich** und **Wohlhabend** zu sein.

Was können wir verändern, um eine positive Einstellung zu bekommen? Viele Menschen behandeln das Geld schlechter als ihre schmutzige Wäsche. Das Geld wird in ein kleine Geldbörse gesteckt, oft sogar noch gefaltet und meistens sind an irgendeiner Ecke Eselsohren. Wie aber können wir zu Geld eine positive Beziehung aufbauen, wenn wir gleichzeitig so sorglos damit umgehen? Sie haben es vermutlich schon erkannt. Wir müssen unsere Einstellung zu Geld verändern und mit Geld viel liebevoller umgehen lernen. Wenn ich einen Geldschein bekomme, der zerknittert ist, oder Eselsohren hat, so streife ich ihn glatt bevor ich ihn in meine Geldtasche gebe. Wenn ein Geldschein zerrissen ist, so trage ich ihn in die Bank, um ihn für einen neuen auszutauschen.

Ich überlasse es deiner Fantasie, den Umgang mit Geld zu verändern und dafür geeignete Möglichkeiten zu finden und diese dann auch konsequent umzusetzen.

Wenn man Reiche Menschen nach ihrer Formel für Reichtum fragt, bekommt man immer wieder folgende Antwort:

> **»Werde dir deiner größten Freuden und Fähigkeiten bewusst, und gib dadurch vielen Menschen einen großen Nutzen für sie selber.«**

Ab diesem Zeitpunkt ist der Geldhahn voll aufgedreht und wir brauchen nur noch ein großes Gefäß darunter halten.

Sparen ist doch langweilig, oder?

Welche Gefühle tauchen bei dir auf, wenn du an sparen denkst? Einschränkung? Butterbrot? Gebrauchte Kleidung? Das muss nicht sein.

Wem bezahlen wir in unserem Leben? Wir bezahlen am Morgen den Obsthändler, wenn wir frisches Obst kaufen. Zu Mittag den Gastwirt, nach Feierabend den Supermarkt, usw. Nur einen nicht: **Uns selbst!** Wir können das Wort sparen einfach umändern in das Wort »Selbstbezahlung«. Alle Reichen haben einmal begonnen, 10 % vom monatlichen Einkommen zu sparen und dieses Geld gewinnbringend zu veranlagen.

Wenn wir uns am Monatsanfang das Ziel setzen, am Ende des Monats 10 % zu sparen, funktioniert das in der Regel nicht, da wir am Ende des Monats keine 10 % mehr zur Verfügung haben. Sparen wir es jedoch gleich zu Monatsbeginn, tut es nicht sonderlich weh.

Wer immer zu wenig Geld hat, bei dem spielt es auch keine große Rolle, wenn er nur mehr 90 % zur Verfügung hat, da die anderen 10 % automatisch auf ein separates Konto gebucht werden. Hätte er auf einmal doppelt so viel Geld, wäre diese Quelle auch bald versiegt. Nicht die Höhe unseres Einkommens bestimmt, wie viel Vermögen wir aufbauen, sondern unsere Einstellung zu Geld und wie viel wir konsequent jeden Monat **uns selbst** bezahlen.

Am besten ist es, per Dauerauftrag gleich zu Beginn eines Monats mindestens 10 % vom Nettoeinkommen auf ein separates Konto zu buchen.

Auf diese Weise lernen wir, konsequent mit 90 % unseres bisherigen Einkommens das Auslangen zu finden.

Der entscheidende Faktor ist allerdings, dass wir das Geld immer am Monatsanfang von unserem Gehaltskonto abbuchen lassen. Auf diese Weise fällt es uns nicht so schwer, denn es befindet sich ja noch ausreichend Geld auf dem Konto. Würden wir dagegen warten, bis zum Ende des Monats um den Betrag zu investieren, welcher übrigbleibt, müssen wir oft feststellen, dass das meistens nicht funktioniert. Meistens haben wir nämlich bis zum Monatsende das Geld schon verprasst.

Alle Erfolgreichen die ich kennen gelernt habe, wenden diese und viele andere Strategien unbewusst oder bewusst, konsequent an.

Investieren

Was aber passiert jetzt mit dem Geld, welches wir konsequent Monat für Monat zusammensparen? Viele Menschen horten dieses Geld auf dem Sparbuch, meistens nur aus dem einzigen Grund, dass sie glauben, es gäbe keine sicherere Alternative.

Wie wir alle wissen, bekommen wir auf dem Sparbuch nur ca. 1 – 3 %. Schauen wir uns deshalb die Inflation etwas näher an. Uns wird immer wieder vorgegaukelt, die Inflation liege so zwischen 2 und 4 %. Warum stimmt das nicht? Bei dieser Art der Feststellung der Inflationsrate wird ein bestimmter Warenkorb über einen bestimmten Zeitraum beobachtet und somit wird die Verteuerungsrate festgestellt. Soweit, so gut. Was ist alles in diesem Warenkorb enthalten?
Lebensmittel, Hygieneartikel, usw., allerdings auch Elektrogeräte. Und hier liegt bereits der Haken.

Wenn wir uns die Verteuerungsrate im Einzelnen anschauen, stellen wir fest, dass sich Lebensmittel, sowie Hygieneartikel um mehr als 4 % pro Jahr verteuern, während die Elektrogeräte im Laufe der Zeit sogar **billiger** werden. Und das führt dazu, dass die Inflationsrate verwischt wird.
Wir kaufen nämlich regelmäßig Lebensmittel, jedoch kaufen wir nur selten Elektrogeräte. Die tatsächliche Inflationsrate liegt somit über 5 – 6 %. Auf Grund der niederen Zinsen auf einem Sparbuch, oder einem Bausparvertrag stellen wir fest, dass wir auf diese Weise Geld **verlieren**.

Warum sollten wir allerdings Sparen, wenn wir das Geld anschließend wieder verlieren?

Glücklicherweise gibt es weit attraktivere Veranlagungen, als die uns bisher bekannten. Banken haben es bereits erkannt, dass der Privatanleger von Heute nach anderen Anlageformen Ausschau hält, deshalb geben sie ihr Wissen um diese Anlageformen auch langsam preis.

Wenn einige Menschen das Wort »Aktien« hören, denken sie automatisch an »Geld verlieren«. Sie haben **einmal** in ihrem Leben von jemandem gehört, er habe an der Börse sein gesamtes Geld verloren, und deshalb befassen diese Menschen sich nie mehr mit solchen Veranlagungen.

Tatsache ist jedoch, dass wir Geld verlieren, wenn wir es bei niedrigen Zinsen am Sparbuch »Horten«.

Schauen wir uns jetzt solche Veranlagungsformen etwas genauer an.

Fonds

Der Autopilot der Aktien. Wem das investieren in Aktien zu risikoreich ist, oder einfach keine Zeit dafür aufwenden will, für denjenigen sind Fonds eine gute Alternative.

Ein Fond besteht in der Regel aus mehreren Aktien. Je nach Art des Fonds besteht dieser aus mehreren Gruppen von Aktien. Von einem **konservativen**, bis hin zu einem **Spekulationsfond**, gibt es eine enorme Auswahl. Jeder Fond wird von einem Fondmanager verwaltet. Ein Fondmanager verbringt viel Zeit damit, jeden Tag zu entscheiden, welche Aktienanteile dem Fond zugekauft, welche Anteile verkauft, und welche Teile im Fond belassen werden. Da der Fondmanager mit seinem Fond das Ziel anstrebt, Gewinn zu machen für optimale Sicherheit, können wir uns damit wie bei einem **Autopiloten** daran beteiligen. Schon ab ca. 500.- monatlich, ist es möglich, Fondsparpläne abzuschließen. Bei einigen Fondgesellschaften gibt es darüber hinaus sogar noch die Möglichkeit, auch bei einer kleinen Sparsumme mehrere verschiedene Fonds zu kaufen.

In der Regel werden für den Kauf dieser Anteile Provisionen in Höhe von ca. 0 – 5 % verlangt. Je nach dem, bei welcher Bank, wir welchen Fond kaufen.

Bei einem Fond haben wir jeden Tag die Möglichkeit, Teile davon zu verkaufen. Das einzige Risiko bei dieser Sparform besteht darin, dass es Zeiten geben kann, in denen die Börse ein Tief verzeichnet und der Fond deshalb an Wert verliert. Wenn wir die Veranlagung jedoch längerfristig wählen, z.B. 5 – 10 Jahre, so können wir damit auf Dauer nur gewinnen.

12. Schlussbemerkung

Ich wünsche dir, liebe Leserin, lieber Leser, ich konnte dich mit diesem Buch Begeistern, den eigenen Sinn im Leben zu entdecken.
Ich wünsche dir von ganzem Herzen, dass du den Weg **zu dir selbst** konsequent weitergehst, und jeden einzelnen Tag mit großer Freude die kleinen Hindernisse auf dem Weg zum Erfolg überwindst.

Wo stehe ich jetzt?
Wo will ich hin?
Welche Hindernisse muss ich dazu überwinden?

Ich würde mich freuen, wenn du mir deine Meinung zu diesem Buch mitteilen würdest. Besonders freue ich mich über sachliche, ehrliche Kritik.

Vielleicht lernen wir uns bei einem Seminar persönlich kennen.

In diesem Sinne wünsche ich Dir noch viel Spass und Freude beim gestalten Deiner Zukunft!

13. Literaturhinweise

Richard, Bach, *Die Möwe Jonathan*, Berlin 1970
Barnard, Tod, *Die 5 Schritte zum Reichtum*, München 1998
Dale, Carnegie, *Sorge dich nicht, lebe*, Augsburg 1999
Rene, Egli, *Das Lola Prinzip*, Oetwil a.d.L. 1994
Mark, Fischer, *Der alte Mann und das Geheimnis der Rose*, Darmstadt 1997
Erhart F., Freitag, *Kraftzentrale Unterbewusstsein*, München 1983
Napoleon, Hill, *Denke nach werde reich*, München 1998
Jürgen, Höller, *Sprenge deine Grenzen*, München 1998
Mathias, Lesch, *Kinesiologie*, München 1994
Emil, Ratleband, *Der Feuerläufer*, Düsseldorf, 1996
Robbins, Anthony, *Das Robbins Power Prinzip*, München 1994
George, S.Clason, *Der reichste Mann von Babylon*, Zürich 1998
Bodo, Schäfer, *Money*, München 2000
Elaine, Scheehan, *Selbst - Hypnose*, Paderborn 1996
Brian, Tracy, *Thinking Big*, Offenbach 1998
Kurt, Tepperwein, *Erfolg – Reich – Sein*, Güllesheim 1999
Ralph, Tegtmeier, *Der Geist in der Münze*, München 1998
Stuart, Wilde, *Geld: Fließende Energie*, München 1989
Hans – Peter, Zimmermann, *Großerfolg im Kleinbetrieb*, Zollikofen 1998

14. Anhang

Fragen an den Autor

Mentalpower
Emmerich Kirschner
Postfach 14
6474 Jerzens
e.kirschner@tirol.com
http://members.tirol.com/kirschner-training
Fax: 0043 (0) 5414-**86423**
Tel: 0043 (0) **664-4630024**